もくじ CONTENTS

オリンピック開催地を地図で確認しよう！ 2

第1章　話したくなるオリンピックのエピソード
～オリンピックの歴史をのぞいてみよう～

話したくなるランキング1位
今は行われていないめずらしい競技があった⁉ 8

話したくなるランキング2位
オリンピックがおまけの大会だった⁉ 14

話したくなるランキング3位
ギリシャの神々もびっくり！　復活五輪の第1回アテネ大会 16

話したくなるランキング4位
マラソンの距離って変わることがあるの⁉ 26

話したくなるランキング5位
マラソン選手が消えた！　54年かけて完走⁉ 28

話したくなるランキング6位
オリンピックが中止になった⁉ 30

話したくなるランキング7位
東京オリンピックは日本を変えた！ 32

話したくなるランキング8位
夏季大会と冬季大会が同じ年に行われていた⁉ 38

話したくなるランキング9位
1つの大会で8つの金メダルをとった選手がいる⁉ 42

話したくなるランキング10位
ハンマー投げは本物のハンマーを投げていた⁉ 46

話したくなるランキング11位
車に乗ってマラソン優勝⁉ 48

話したくなるランキング12位
鳩が焼かれてしまった大会がある⁉ 52

話したくなるランキング13位
聖火リレーは宇宙でも行われた⁉ 58

話したくなるランキング14位
オリンピックには命がけの競技もある！ 64

話したくなるランキング 15 位
古代オリンピックは 1200 年近く，293 回も続いた !? ……………………… 66

話したくなるランキング 16 位
最年長メダリストは 72 歳！ ………………………………………………… 72

話したくなるランキング 17 位
２つの金メダルを取り上げられた選手がいる !? ………………………… 78

話したくなるランキング 18 位
出場した全員がメダルをもらえた !? ……………………………………… 80

話したくなるランキング 19 位
国会議員にオリンピアンがいる !? ………………………………………… 84

話したくなるランキング 20 位
勝敗も国境も越えるオリンピック………………………………………… 88

第 2 章　オリンピックにまつわる基礎知識〜資料編〜

①これまでの夏季オリンピックの開催地……………………………………… 92

②これまでの冬季オリンピックの開催地……………………………………… 94

③近代オリンピックの始まりとオリンピズム………………………………… 96

④なぜオリンピックは４年に１回なの？ …………………………………… 100

⑤オリンピックを支えるさまざまな団体…………………………………… 102

⑥金メダルの移り変わりを見てみよう …………………………………… 104

⑦欠かすことのできないボランティア …………………………………… 110

⑧選手村ってどんなところ？ ……………………………………………… 114

⑨オリンピックへの道を切り拓いた日本人選手 ………………………… 118

⑩現在行われている公式競技と種目……………………………………… 120

⑪聖火とさまざまなトーチ………………………………………………… 126

⑫日本人メダリストの一覧………………………………………………… 130

さくいん……………………………………………………………………… 142

本書は，2018 年 6 月 1 日現在の情報をもとに作成しています。

はじめに ～歴史的なイベントが！～

　2013年9月7日午後5時20分（現地時間），緊張する関係者に見守られるなか，ブエノスアイレス（アルゼンチン）で開かれたIOC（国際オリンピック委員会）の総会で，2020年夏季オリンピックの開催都市が東京であることが発表されました。日本で夏季オリンピックが行われるのは，1964年に開催された東京オリンピック以来，56年ぶりになります。

　オリンピックの開催期間中は世界中から各競技のトップ選手が日本に集まります。世界最高峰の競技を目の前で観戦できるチャンスが近づいているのです。ぜひ，みなさんもこの歴史的なイベントを間近で体験し，思う存分，楽しんでいただければと考えています。

　その1つの手助けとして，オリンピックにまつわる歴史や"話したくなる"話を集めたのが本書です。オリンピックを知ることで，観戦の楽しみも増えることでしょう。

　本書はオリンピックにまつわる話を，だれかに「話したくなるランキング」形式で紹介しています。家族や友だちと観戦するときのちょっとした話題として，夏休みの自由研究の題材として楽しんでいただき，よりオリンピックに興味を持っていただければ幸いです。

コンデックス情報研究所

第1章　オリンピックの歴史をのぞいてみよう

話したくなるランキング **1** 位

今は行われていない めずらしい競技があった !?

オリンピックの競技は固定されているわけではありません。今でもオリンピックごとに新しい競技が設けられたり，取りやめられたりしています。かつては，こんな面白い競技も行われていました。

①オリンピックを開く国で人気がある競技や，世界の多くの国に広まっている競技を実験的に行うことです。第25回大会から第29回大会まで公式競技として行われた野球も，それまでは公開競技でした。

 魚釣り

第2回パリ大会（1900年，フランス）では，**公開競技**①として魚釣りがセーヌ川で行われました。2日間で釣り上げた**魚の重さの合計**で順位を決めました。

釣りは，今でも世界各地で選手権大会が行われています。しかし，勝敗が運によって左右されやすいこと，釣れるまでの様子が観客にとっては退屈であることなどから，**公式競技**に取り入れられることは難しいようです。

第27回シドニー大会（2000年，オーストラリア）でも，キャスティング（投げ釣り）が候補にあがりましたが，結局見送られました。

 熱気球

熱気球は，これも第2回パリ大会で行われた公開競技です。人が乗った熱気球の**飛行距離**や**飛行時間**，定められた場所に**着陸する正確さ**などが競われました。

その後，燃料を使った競技は取りやめられ，熱気球もこの大会一度きりで，以後はオリンピック競技としては行われていません。

❶ 今は行われていないめずらしい競技があった⁉

モーターボート

　第4回ロンドン大会（1908年，イギリス）では，モーターボート競技が行われました。海上のコースを合計40海里（約74キロメートル）運転して，かかった時間を競うものです。しかし，参加したのは**イギリス**と**フランス**，2国のチームだけでした。しかも強風が吹いたため，レースをやめてしまうチームが多く，金メダルを獲得したチーム以外はゴールできませんでした。

　モーターボート競技が行われたのは，この一度きりです。現在のオリンピックでは，「<u>機械の動力を利用した競技は行わない</u>❷」ことが定められています。

❷ 機械の動力を使わず，馬や自転車，ヨットなど，人間が乗ったり動かしたりする競技は問題ありません。

綱引き

　運動会でも行われている人気競技で，私たちにとってもおなじみの**綱引き**が行われていた大会があります。短い時間で勝敗が決まり見ごたえがあること，ルールがわかりやすいことなどから，第2回パリ大会から第7回アントワープ（1920年，ベルギー）大会まで，陸上競技の団体種目として行われていました。

　現在，日本の**国体**（**国民体育大会**）❸でも公開競技として行われています。もしかすると，いつかまたオリンピックの種目として取り入れられるときがくるかもしれませんね。

❸ スポーツを国民に広め，競技者を育てることなどを目的とするスポーツ大会で，毎年違う都道府県で行われています。9〜10月には本大会が，12〜2月には冬季大会が行われます。

9

アテネ大会の綱のぼり

綱のぼり

　現在でもスポーツ選手のトレーニングとして取り入れられることもある綱のぼりが、体操競技の公式種目として行われた大会があります。垂らした綱を垂直にのぼっていくだけのシンプルな競技です。**フォーム**（のぼる姿）とタイム（かかった時間）を競った大会と、タイムだけを競った大会があります。

　第1回アテネ大会では13メートルの綱をのぼり、フォームとタイムで競いましたが、のぼりきれなかった場合はその高さまでが採点の対象となったようです。参加選手は少なく、第10回ロサンゼルス大会（1932年、アメリカ）ではアメリカ3人、ハンガリー2人のみが参加し、アメリカの3選手が金・銀・銅メダルを独占しました。この競技もロサンゼルス大会を最後に行われていません。

決闘

　1908年のオリンピックは、本来、ローマ（イタリア）で行われる予定でした。しかし、1906年にイタリアの**ヴェスヴィオ山が噴火**した影響で、急きょ開催地が変更され、ロンドンで行われました。この第4回ロンドン大会（1908年、イギリス）と、次の第5回ストックホルム大会（1912年、スウェーデン）で公開競技として行われたのが**決闘**です。

　決闘とはもともと、争いあった二人が取り決めた方法で戦い、ときには命をかけて勝負をつける**果たし合い**のことです。もちろん、競技では命までかけることはなく、危なくないようにマスクをつけた選手がロウの弾をこめたピストルで、相手の選手の胸につけた標的をめがけて撃ち、命中した数を競うというものでした。

第3回セントルイス大会（1904年、アメリカ）では棍棒を使った競技が行われたこともあったんじゃよ。フェンシングが剣をつき出して戦うのに対して、棍棒格闘は棍棒で相手をたたきつけて戦ったのじゃよ。

芸術競技

近代オリンピックの創設者といわれる**クーベルタン**は，オリンピックは**スポーツと芸術の祭典**であるべきだと考え，芸術種目をとり入れることを強く望んでいました。その熱意が実り，第5回ストックホルム大会では，**絵画・音楽・文学・彫刻・建築**の5種目が設けられました。

しかし，文学部門では参加者が一人も集まらず，クーベルタン自身がペンネームを使って書いた「**スポーツによせる叙事詩**」が金メダルを受賞しました。

その後も，開催国の作品にメダルが集中するなど，審査員による公平ではない採点が問題となり，第14回ロンドン大会（1948年，イギリス）を最後に取りやめられ，第15回ヘルシンキ大会（1952年，フィンランド）からは，競技としてではなく，芸術作品の展示が行われるようになりました。

第25回バルセロナ大会（1992年，スペイン）からは，芸術だけでなく開催国の文化なども紹介する**文化プログラム**として行われています。

ベルリン大会（芸術競技：絵画の部）銅メダル「アイスホッケー」（藤田隆治）

❶ 今は行われていないめずらしい競技があった!?

❶文化プログラムは，オリンピックが開かれるまでの4年間にわたって行われます。

★★★ クーベルタンって!? ★★★

クーベルタン

ピエール・ド・クーベルタンは，1863年にフランスの貴族の家に生まれ，若いときには，自分自身も多くのスポーツに親しみ，とくに，射撃では何度もフランスチャンピオンになっています。

20歳のときに訪れたイギリスで，スポーツが教育に大きな役割を果たしていることを目にし，また，学生たちが紳士的にスポーツを楽しむ姿や，ヨーロッパ各地で行われていた「オリンピック」と呼ばれる競技会に刺激を受けます。それをきっかけに，「**古代オリンピックの復活**」を思い描き，近代オリンピック誕生のために大きな力を尽くしました。また，オリンピック誕生後は，国際オリンピック委員会（以下，IOCとします）の第2代会長も務めています。

オリンピックのシンボルである**五輪のマーク**もクーベルタンが考えたもので，また，クーベルタンがオリンピックにこめた思いを「**オリンピズム**」といいます。「**近代オリンピックの父**」と呼ばれています。

馬幅跳び

　近年行われているオリンピックでは，**乗馬**は動物を使うただ1つの競技です。古代オリンピックでも戦車競技で馬が使われていましたが，現在は馬をどれだけうまく乗りこなせるかを競う馬術や，障害物を飛び越える競技が行われています。第2回パリ大会ではこのほかに，**馬幅跳び**が公式種目として行われました。

　馬が前に跳ぶ力は人間よりもはるかに上回るように思えますが，記録は意外と伸びず，優勝記録は**6メートル**と，人間の走り幅跳びの世界記録である 8.95 メートル（マイク・パウエル，1991 年）に遠く及びません。

❶ほかにも，馬を使った競技がありました。第7回アントワープ（1920 年，ベルギー）では早足で歩く馬の上で行う演技の点数で競う，馬の曲乗りが行われたことがあります。

犬ぞり競争

　冬季オリンピックは，1924 年にフランスの**シャモニー・モンブラン大会**で試験的に開催され，その後，この大会が正式に第1回冬季オリンピックとして認定されました。

　これまでに冬季オリンピックの公式競技として取り入れられたのは，現在でも行われている，スキー・スケート・アイスホッケー・ボブスレー・リュージュ・バイアスロン・カーリング以外にはありません。

　しかし，第3回レークプラシッド冬季大会（1932 年，アメリカ）では公開競技として**犬ぞり**競争が行われました。2日間かけて約 40 キロメートルのコースを走り，すべての犬とともに一番でゴールしたチームが勝ちというルールで，カナダのチームが優勝しました。

❷犬ぞりは，北極海沿岸の先住民であるイヌイット（エスキモー）などにとっては，古くから人や荷物を運ぶ手段でした。

🥉 鳩撃ち

　第2回パリ大会では、クレー射撃の1種目として、鳩撃ちも公開競技として行われました。生きた野生の鳩を撃ち落とした数で競う競技です。ベルギーの選手が21羽を撃ち落として優勝したといわれていますが、鳩は「**平和のシンボル**」であり、オリンピックの開会式では会場に解き放たれることが定められていたほどです。生きた動物を殺す競技はオリンピックにふさわしくないという声が上がり、鳩撃ちはこれ1度きりで取りやめられました。

このほかにも、馬高跳びやセーヌ川での障害物水泳、ギリシャ人水兵のみで行う水泳、消火活動など今では行われていない珍しい競技がたくさんあったのだよ。

🥉 オリンピックでゲーム⁉

　第23回平昌冬季大会（2018年、韓国）では、平昌大会の公認大会として、初めて**eスポーツ大会**[3]が2種目行われました。これはオリンピック史上初めてのことです。対戦型の**コンピュータゲーム**で行う競技で、オンラインで競技者が対戦するものです。もしかすると、いつか正式競技に採用される日がくるかもしれません。

　オリンピック競技はIOCの認めた競技団体のなかから選ばれますが、そのなかには、「**盤上の格闘技**」と呼ばれる**チェス**やブリッジ[4]、チアダンス、ボウリング、囲碁、登山など、オリンピックの競技になったらちょっと驚くような競技団体も入っています。

　第32回東京大会（2020年、日本）では、**空手、サーフィン、野球・ソフトボール、スポーツクライミング、スケートボード**の5競技が、公式競技として加えられることが決まっています。

① 今は行われていないめずらしい競技があった⁉

[3]「エレクトロニック・スポーツ」の略です。日本でも2019年の茨城国体でも取り入れられる予定です。

[4] コントラクトブリッジが正式な名称で、カードを使ったゲームのひとつです。

第1章 オリンピックの歴史をのぞいてみよう

話したくなるランキング **2**位

オリンピックがおまけの大会だった!?

オリンピックには万国博覧会のおまけで行われた大会があります。それも3回も！ えーっ!? オリンピックがおまけの大会!? どういうことだったのでしょう。

万国博覧会は，その時代で一番すごい科学技術や芸術などが，世界中から集まってくる展示会なのじゃよ。日本がまだ江戸時代だった1851年にロンドンで開かれたのが最初じゃよ。

 ## 近代オリンピックの始まり

　古代ギリシャやイタリアのローマで行われていたオリンピックは，4世紀に一旦途絶えました。そして，約1500年の年月を経て，フランス人の**ピエール・ド・クーベルタン**らの努力によって**1896年に復活**したのです。記念すべき第1回大会は，オリンピックのふるさとである**ギリシャのアテネ**で開かれました。そして，1900年に第2回大会が開かれたのが，フランスのパリです。

第2回パリ大会では女性も参加！

　1900年，パリでは万国博覧会（万博）が開かれることになっていました。復活して間もないオリンピックはまだ種目も少なかったこともあり，万国博覧会の付属大会として行うことで，多くの人たちに知ってもらおうとしたのです。

　万国博覧会はふつう，半年くらいかけて行われるため，パリ大会も**5か月間も続きました**。しかし，5か月間も毎日競技を行うほど種目は多くありません。1つの競技が終わってから1，2週間たってから，次の競技が始まるなど，万国博覧会の期間中に休

み休み，会場のどこかでオリンピックの競技が行われるという状態でした。

決勝戦は，観客の集まりやすい日曜日に行われましたが，キリスト教を信仰する選手のなかには，**日曜日はキリスト教の安息日**だという理由で，競技に参加しない選手もいたそうです。

しかし，第1回アテネ大会と比べるとパリ大会では参加者や競技数も増え，初めて**女性も参加**しました。テニスのシングルスで優勝した女子選手は，ウィンブルドン大会ですでに3度も優勝していたイギリスのシャーロット・クーパー選手でした。また，**ゴルフ**にも女子選手が参加しました。20世紀までのオリンピックでゴルフが競技として行われたのは，このパリ大会と次の第3回セントルイス大会（1904年，アメリカ）だけです。

❶仕事を休み宗教儀式を行う日です。

② オリンピックがおまけの大会だった!?

第3回セントルイス大会はアメリカ初の大会！

第3回セントルイス大会は，**アメリカで開かれた初めての大会**ですが，この大会も万国博覧会の付属大会でした。この大会は，過去2回のアメリカの活躍により，同じアメリカのシカゴで開かれることになっていましたが，経済的な事情や，当時のアメリカ大統領の**セオドア・ローズヴェルト**の主張により，セントルイスの万国博覧会に合わせて行われることになったのです。

セントルイスは**アメリカの中央部**にあり，ヨーロッパから遠かったせいか参加国数や選手数は第2回のパリ大会よりも減り，参加選手の約4分の3がアメリカ人でした。これは大陸間の交通の便がよくなく，ヨーロッパから参加した選手が少なかったためです。

第4回ロンドン大会（1908年，イギリス）から，ようやく，本格的なスポーツ大会としての運営が始まったのじゃ。選手は，各国のオリンピック委員会を通じて参加するようになったのじゃよ。

第1章 オリンピックの歴史をのぞいてみよう

話したくなるランキング ❸ 位

ギリシャの神々もビックリ！
復活五輪の第1回アテネ大会

蒸気船の発達で人やものが大陸間を行き交い，各国で万国博覧会が開かれるようになった19世紀，クーベルタンを始めとした多くの人の力でオリンピックがスポーツの祭典として復活しました。

① 古代ギリシャで都市国家同士の戦争が続いていたころ，「戦争をいったんやめて競技会を行うように」という神のお告げで，古代オリンピックが行われるようになったという説もあります（紀元前776年からの約1,200年間）。オリンピックが「平和の祭典」といわれるのには，このような歴史的な背景があります。

最初の大会は女性が参加できなかった！

1894年にパリで開かれた会議で，クーベルタンはスポーツを通じた**世界平和の実現**をめざし，オリンピックの復活をよびかけました。このときクーベルタンは，次の4つの条件を示しました。

①**いろいろな国**で開く
②**4年に1回**開く
③出場選手は**成人男子**にかぎる
④出場選手は**アマチュア**にかぎる

古代オリンピックでは女性が参加できなかったこともあり，第1回アテネ大会（1896年，ギリシャ）でも女子選手は参加できませんでした。しかし，ヨーロッパではこの頃すでに女性もスポーツをするようになっていて，第2回パリ大会（1900年，フランス）からは，女子の種目としてテニスとゴルフが加わりました。ただ，この時代は女性が人前で肌を見せたり，汗をかいたりすることは好ましくないこととされていました。テニス選手は長そでの上着に，足首まで隠すロングスカートを着て競技をしていました。

初めてのオリンピックではどんな競技が行われたの？

　記念すべき第1回アテネ大会で行われた競技は，次の**8競技**です。ボート競技も予定されていましたが，悪天候のために中止になりました。また，この8競技は**43の種目**に分かれていました。

これは2016年の第31回リオデジャネイロ大会（ブラジル）の**ピクトグラム**です。❷

　このうち，第1回大会から途切れることなく行われているのは，**陸上競技・水泳・体操・フェンシング**❸の4種目だけです。リオデジャネイロ大会（2016年，ブラジル）では，28競技306種目が行われました。

　現在は，オリンピックの公式競技として取り入れられるには，次の条件を満たさなければなりません。

◎**夏季オリンピックの競技となる条件**
・男子…少なくとも**75か国**，4大陸で広く行われている競技。
・女子…少なくとも**40か国**，3大陸で広く行われている競技。

◎**冬季オリンピックの競技となる条件**
・少なくとも**25か国**，3大陸で広く行われている競技。

　なお，競技とはスポーツを大きく分けたもので，そのなかにいろいろな種目が含まれています。バドミントンを例にとってみましょう。右の図のように，バドミントンは5種目からなります。同じシングルスでも，**男女は別々**に1種目と数えます。

❷ ピクトグラムとは，言葉が違っても分かりやすいように，簡単な絵で表したものです。トイレや非常口についているマークもピクトグラムです。オリンピックでは第18回東京大会（1964年，日本）から使用されるようになりました。

❸ フェンシングは日本ではなじみの薄い競技ですが，オリンピックが生まれた地であるヨーロッパでは盛んなため，途切れることなく続けられてきました。女子のフェンシングも，第8回パリ大会（1924年，フランス）から始まっています。

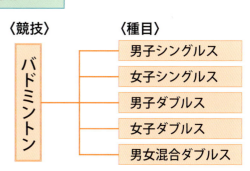

世界遺産「オリンピアの考古遺跡」の「パレストラ（闘技場）」（ギリシャ）

選手団は国ごとではなかった！

　クーベルタンが1894年にパリで開かれた国際会議でオリンピックの復活を呼びかけると，満場一致で受け入れられ，1896年に第1回大会を**ギリシャ**で行うことが決まりました。しかし，当時のギリシャは経済的に苦しく，また，国内でも政治的な対立があるなど，オリンピックを開催できるような状況ではありませんでした。そのうえ，交通の便も悪く，競技施設も整っていない状況で，しかも決定から開催までたった2年しかありませんでした！　しかし，IOCの会長に就任したギリシャ人のデメトリウス・ビケラスや，事務局長のクーベルタンらの努力により，なんとか計画どおりにアテネ大会を実現させました。

　アテネ大会の参加選手はたった**241人**[1]で，第31回リオデジャネイロ大会（2016年，ブラジル）の**約11,000人**と比べると，とても少ない選手数です。これを国別に分けると，イギリス・ギリシャ・フランス・ドイツ・オーストリア・イタリア・デンマーク・スウェーデン・スイス・ハンガリー・ブルガリア・アメリカ・チリ・オーストラリアの**14か国**[2]となります。

　当時は国を代表して参加するという考えはなく，国ごとのオリンピック委員会もありませんでした。**全員が個人参加**[3]で，国旗を掲げての入場式も行われませんでした。

　古代オリンピックは**ギリシャ人のみ**が集まって行われていたことに対し，広く世界各地から選手が集まって，スポーツを競う大会が行われたことに大きな意味があったのです。

[1] このうち，ギリシャの選手が200人近くを占めていたといいます。

[2] 当時オーストラリアはイギリスの植民地でした。そのため，オーストラリアの選手をイギリスの選手として数え，13か国とする説もあります。参加選手数もいろいろな説に分かれています。

[3] 国ごとのオリンピック委員会が選手を送るようになったのは，第4回ロンドン大会（1908年，イギリス）からです。第3回大会までは個人やチーム単位で参加したり，飛び入りで参加したりすることもできました。

第1回アテネ大会の陸上で800メートル走と1,500メートル走で優勝した選手は，走ったことのないマラソンにも出場していたんじゃ。そのうえ，テニスのダブルスでも銅メダルを取っているのじゃよ。すごいのぉ。

100メートルはアメリカの選手が優勝！

　第1回アテネ大会の43種目のうち、いちばん多くを占めていたのが**陸上競技**です。また、この大会でメダルが贈られたのも、陸上競技だけでした。

　その陸上競技で強かったのはアメリカの選手たちでした。当時のヨーロッパでは、**スタンディング・スタート**という、立った状態からのスタートが主流でしたが、100メートルで優勝した**トーマス・バーク選手**をはじめ、アメリカの選手は、**クラウチング・スタート**という、両手を地面についてスタートするという珍しいスタイルでした。現在の短距離走では、クラウチングスタイルのほうが主流になっています。

　陸上競技が行われたのは、開会式の会場だった**パナシナイコ・スタジアム**です。ここのトラックは細長いだ円形で、今とは逆に時計回りで走りました。これは、ヨーロッパの競馬場では馬が時計回りに走るレースが多いため、それにならったのではないかといわれています。

④再びアテネで行われた第28回大会（2004年、ギリシャ）では、パナシナイコ・スタジアムが新しい大理石で改装され、陸上競技場として使われました。

⑤第2回パリ大会からは、今と同じ反時計回りとなりました。

バーク選手のタイムは現在の日本の小学生記録よりも遅かったそうじゃよ。

アテネ大会陸上競技100メートル決勝のスタート（左から2人目がバーク選手）

現在の陸上のトラック競技（反時計回りに走っている）

競泳は海で泳いでいた⁉

競泳は第1回アテネ大会から継続して行われている人気のある競技ですが，初期のオリンピックでは水泳競技はプールで行われたのではありません。では，どうしていたのでしょうか。

アテネ大会の競泳では，100メートル・500メートル・1200メートルの自由形などの種目がありました。ギリシャにはプールがなかったため，今では考えられないことですが，アテネの南西にある**エーゲ海**に面したゼーア湾の入り江にコースを設置して競技が行われました。

第2回のパリ大会でも，競泳は**セーヌ川**で行われました。自然の海や川では，風や波の影響で条件に差がついてしまいます。現在の競泳プールの水深が深くなっているのも，できるだけ同じ条件で競えるように波が立ちにくいようにするために工夫されたものです。

現在のようにプールにロープを張って競技が行われるようになったのは，第8回パリ大会（1924年，フランス）からです。

❶ 今の自由形はクロールで行われますが，当時の自由形は平泳ぎが主流でした。

今でも海で行う水泳競技がある⁉

現在の水泳には競泳のほか，飛びこみ・水球・シンクロナイズドスイミング・**オープンウォータースイミング**がありますが，このうちオープンウォータースイミングは，海・川など自然のなかで行われています。

オープンウォータースイミングはプールで泳ぐのとは違い，風向きや水温，気温などの天候や，潮の流れや水質，クラゲなどの海の生物との接触など，外部の環境からさまざまな影響を受ける競技です。

❷ 第32回東京大会（2020年，日本）では，アーティスティックスイミングと種目名が変わります。

❸ 第29回北京大会（2008年，中国）から10キロメートルの距離を泳いでタイムを競うオリンピック種目になりました。国際的に統一されたルールで行われる「水泳のマラソン」のような競技です。

オープンウォータースイミングの大会は日本でも年間60回以上行われているぞ。泳ぎに自信があれば，オリンピック代表を目指せるかもしれないのぉ。

体操競技を外でやってたの!?

第1回アテネ大会で体操競技が行われたのは、屋外の**パナシナイコ・スタジアム**です。もともと鞍馬や跳馬は、古代ローマの兵士たちが乗馬の準備のために行なっていた運動が始まりで、屋外で行うのがふつうでした。床運動も徒手体操から発展したものです。

その後、綱のぼりなどの種目がなくなり、床運動・鞍馬・吊り輪・跳馬・平行棒・鉄棒の6種目に絞られると、体操競技は室内で行われるようになりました。

古代遺跡の多いローマで開かれた第17回大会（1960年、イタリア）での体操競技は、1980年に世界遺産の一部となった古代ローマの皇帝のつくった**カラカラ浴場の遺跡**で行われ、厳かな雰囲気が人々に強い印象を与えました。

第18回東京大会（1964年、日本）以降、体操競技は室内で行われるようになりました。

③ラジオ体操のように器具を使わずに行う体操のことです。

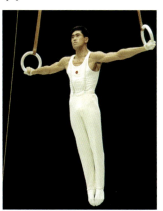

1964年東京大会の体操男子団体で優勝した日本チームの遠藤幸雄選手

東京大会の体操競技は、東京体育館で行われ、日本は男子団体総合で2大会連続の金メダル、女子団体総合も銅メダルをとったのじゃよ。男子個人総合でも、遠藤幸雄選手が金メダルを取っているぞ。

カラカラ浴場の遺跡（ローマ）（Wikimedia Commons）

優勝したのに銀メダル？

えーっ!?と思うかもしれませんが，第1回のアテネ大会で1位の選手に贈られたのは，金メダルではありませんでした。銀でできたメダルと，**オリーブ**の枝で編んだ冠だったのです。ですから，記念すべき近代オリンピックの最初の優勝者は，実は金メダリストではなく，**銀メダリストだった**のです！

この銀メダルは，フランスの彫刻家ジュール・シャプランがデザインしたもので，表にはギリシャ神話の**全能の神ゼウス**が描かれています。その右手に持った球の上には，勝利の女神ニケが月桂樹の枝を持って立っています。裏側のデザインは，古代ギリシャにあった**アクロポリスの丘と神殿**です。

2位の選手には銅でできたメダルと**月桂樹**の枝で編んだかんむりが贈られましたが，3位の選手は何ももらえませんでした。3位の選手までメダルがもらえるようになったのは，第2回パリ大会からです。なお，第1回アテネ大会のメダルには，リボンを通す穴はなく，手から手へメダルが渡されていました。

実は，このアテネ大会の銀メダルの一つは，日本の秩父宮記念スポーツ博物館（東京都）に展示されています。アテネ大会の体操・鉄棒で優勝したヴァインゲルトナー選手（ドイツ）のご遺族から，第18回東京大会の体操競技で一番優秀な選手として遠藤幸雄選手に贈られ，のちに，自分だけが見るものではないという遠藤選手の考えから博物館に贈られたものです。

❶オリーブはオリンピック発祥の地・ギリシャの特産で，勝利のシンボルとして用いられます。

❷死んだ人のあとに遺された家族や親族などのことです。

現在の金メダルも純金でつくられているわけではないぞ。中身は銀などで，表面に金メッキをほどこしているのじゃ。

アテネ大会の銀メダル（表）
直径は 48.9mm，厚さ 3.6mm，重さ 68g

アテネ大会の銀メダル（裏）

メダルはだれに贈られる!?

メダルは国家ではなく，**選手**や**チーム**に対して贈られるものです。第1回アテネ大会でも，選手は個人やチームとして参加していました。しかし，その考え方とは裏腹に，アテネ大会が行われたギリシャでは，地元の選手への熱狂的な応援が爆発しました。

アテネ大会の最初の優勝者は，三段跳びのジェームズ・コノリー（アメリカ）です。そして，**全参加選手の約8割がギリシャの選手**だったのにもかかわらず，この大会でいちばん多くの優勝者を出した国は**アメリカ**でした。ギリシャの選手のメダル数が伸びないことに，ギリシャ人の不満は高まっていたことでしょう。

そのようなピリピリした空気のなか，マラソン競技は25人の選手が参加して，**マラトン村**のはずれからスタートしました。このころはテレビやラジオの中継はないので，レースの様子は自転車や馬に乗った人が順番に伝えるやりかたでした。残り約4キロメートルとなった地点で「先頭はギリシャのルイス選手」という報告が伝わると，ゴールであるパナシナイコ・スタジアムは歓喜につつまれ，先頭でスタジアムに入ってきたルイス選手を見て，ギリシャの皇太子までもがトラックへ走り出したということです。

❸選手が国ごとに選ばれてオリンピックに参加するようになったのは，第4回ロンドン大会からです。国旗も掲げられるようになりました。

★★★メダルの裏側にいた格闘家★★★

第18回東京大会をはじめ，第27回シドニー大会（2000年，オーストラリア）までのメダルの裏側には，古代の格闘家**ディアゴラス**が刻まれていました。ディアゴラスは身長2メートル以上もある大男で，古代オリンピックのボクシングをはじめとする競技会で何度も優勝を果たし，その息子や孫たちも古代オリンピックなどですぐれた格闘家として活躍しました。出身地であるロドス島（ギリシャ）の国際空港にもその名を残すディアゴラスは，選手個人の栄光をたたえるシンボルとして，メダルにデザインされたのです。

1936年の第11回ベルリン大会（ドイツ）の金メダル裏側

ウエイトリフティングが体操競技!?

　ウエイトリフティングは，どれだけ重い**バーベル**を頭上まで挙げることができるかを競うスポーツです。重量挙げとも呼ばれます。もともと，古代ギリシャでどれだけ重い石を持ち上げられるか**力比べ**をしたのが始まりだといわれています。

　ウエイトリフティングでは，重さだけでなく，バーベルをきちんと挙げたことを審判と審査員役のジュリー（陪審）に認められなければなりません。その判定には，「**両足・胴体・バーベルが平行**であること」「**動きがスムーズ**であること」などの基準があります。

　ウエイトリフティングはこうした**採点競技**としての特色をもつため，第1回アテネ大会では，体操競技の1種目として行われました。現在のウエイトリフティングは両手で挙げますが，アテネ大会では片手挙げもあり，また，現在の「105キログラム級」などのように体重別には分けられておらず，**無差別**で競われていました。

　ウエイトリフティングが**独立**した競技になったのは，**第7回アントワープ大会**（1920年，ベルギー）からで，体重による階級別になりました。第20回ミュンヘン大会（1972年，西ドイツ，現在のドイツ）からは，両手でバーベルを一気に頭上まで挙げる「**スナッチ**」と，肩の高さまで一度挙げて止め，続いて頭上へ挙げる「**クリーン＆ジャーク**」の合計重量で競われています。

　女子の大会は1987年から世界選手権が始まり，2000年の第27回シドニー大会（オーストラリア）で正式種目になりました。

❶第31回リオデジャネイロ大会（2016年，ブラジル）で入賞した女子53キロ級の八木かなえ選手は，もともとは体操選手でした。

❷第32回東京大会（2020年，日本）では，男女ともに7階級で実施されます。

八木選手はリオデジャネイロ大会のクリーン＆ジャークで105キログラムも上げたんじゃよ！すごいのぉ。

オリンピック・ポスターがなかった!?

右の絵は第1回アテネ大会のポスターとして知られています。でも、実はポスターではありません。アテネ大会の**公式報告書**の表紙です。

左上に見える「**776–1896**」の数字は、古代オリンピアの祭典が初めて開かれた紀元前776年と、近代オリンピックが復活した1896年を示しています。

アテネのパナシナイコ・スタジアムやアクロポリス神殿、勝者に贈られるオリーブの冠をもつ**ギリシャ神話の女神アテナ**などが描かれ、第1回アテネ大会が古代と近代を結びつけるオリンピックだということが表現されています。

大会の公式ポスターがつくられるようになったのは、日本人選手が初めてオリンピックに参加した、1912年の**第5回ストックホルム大会**(スウェーデン)からです。

アテネ大会の公式報告書の表紙

③ オリンピック開催国は、オリンピック閉会後2年以内に、フランス語と英語の公式報告書を作成しなければなりません。

③ ギリシャの神々もビックリ! 復活五輪の第1回アテネ大会

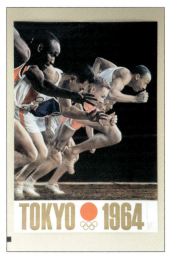

東京大会第2号ポスター

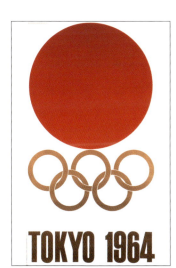

東京大会第1号ポスター

東京大会第3号ポスター

ポスターのデザインには、開催国の歴史・社会や、意気込みがこめられているのじゃ。第18回東京大会(1964年、日本)では、初めて写真が使われたのじゃ。ポスターのデザイナーは上の順番で並べると最も効果的だと言ったそうじゃよ。

第1章 オリンピックの歴史をのぞいてみよう

話したくなるランキング 4 位

マラソンの距離って変わることがあるの!?

オリンピック最終日，閉会式の直前に行われる男子マラソンは，いちばん注目される競技です。マラソンの距離は，どのように決められたのでしょう。

🥉 大会によって変わった距離

　第1回アテネ大会（1896年，ギリシャ）のマラソンコースの距離は，約40キロメートルでした。このころはまだマラソン競技の距離は決められていなかったため，第2回パリ大会（1900年，フランス），第3回セントルイス大会（1904年，アメリカ）と大会ごとに距離が違いました。マラソンが初めて現在と同じ **42.195キロメートル** で行われたのは，第4回ロンドン大会（1908年，イギリス）です。

　42.195キロメートルは，欧米の距離の単位に置き換えても **26マイル385ヤード** と半端な距離です。トラックの長距離走は5,000メートル，10,000メートルなどきりのよい数字なのに，なぜマラソンだけこんなに半端なのでしょう。

　実は，ロンドン大会のマラソンコースは，イギリス王室の所有する **ウィンザー城** 前から **26マイル**（約41.6キロメートル）の予定でした。しかし，当時のイギリス王妃が「スタートはウィンザー城の庭，ゴールはロイヤルボックスの前で見たい」と言ったため変更されたという説がありますが，定かではありません。

　現在のように，**42.195キロメートル** が正式な距離となったのは **第8回パリ大会**（1924年，フランス）からです。

❶ 1マイルは約1.6キロメートル，1ヤードは約90センチメートルです。

マラソンコースが延びたせいで失格に！

　第4回ロンドン大会のマラソン競技の日は，高温多湿で，走るには厳しい条件の天候でした。途中で走るのをやめてしまう選手も多いなか，当初はゴールとなる予定だったホワイトシティ・スタジアムに先頭を切って入ってきたのはイタリアの**ドランド・ピエトリ選手**でした。しかし，ピエトリ選手はすでにふらふらで，ゴールの場所を勘違いし，ゴール直前で倒れ込んでしまいました。これを見かねた大会役員が体を支えてゴールインしてしまったため，人の手を借りたということで失格となり，約30秒遅れてゴールした**アメリカの選手**が優勝となってしまったのです。もしもコースが385ヤード延びていなければ，ピエトリ選手が1位だったことになります。

> 野球にも，コーチが走者の体に触れたら，走者はアウトになるというルールがあるのぉ。

どうして「マラソン」っていうの!?

　紀元前490年の古代ギリシャで，約1万人のアテネ軍と約10万人のペルシャ軍がアテネ近くの**マラトンの草原**で戦い，アテネ軍が奇跡的な勝利をおさめました。これが伝説の「**マラトンの戦い**」です。この勝利をアテネ市民に知らせようと，フェイディピデスという兵士がアテネの中心部まで走り，「わが軍，勝てり」とさけび，そのまま倒れて息を引き取りました。❷

　オリンピックを復活させるにあたり，古代と近代の橋わたしをするものが必要だと考えたクーベルタンは，友人の言語学者に助言を求めました。この学者のアイデアをもとに，アテネ北東の**マラトン村**からアテネの**パナシナイコ・スタジアム**までの距離を走るレースが生まれたのです。

❷同じ紀元前5世紀に生まれた歴史家ヘロドトスの著作には，この戦いの記述は見られず，のちの時代につくられた伝説ではないかと考えられています。

④ マラソンの距離って変わることがあるの!?

第1章 オリンピックの歴史をのぞいてみよう

話したくなるランキング **5** 位

マラソン選手が消えた！
54年かけて完走!?

日本人選手が初めてオリンピックに参加したのは，1912年にスウェーデンで行われた，第5回ストックホルム大会でした。しかし，この大会での成績はさんざんなものでした。

① トラック競技のうち100メートル・200メートル・400メートルを短距離走，800メートル・1,500メートルを中距離走，5,000メートル・10,000メートルを長距離走といいます。

日本人，IOC委員となる

　IOC（国際オリンピック委員会）の会長だったクーベルタンは，参加国を増やすため，日本人でIOC委員にふさわしい人はいないか，駐日フランス大使に相談しました。そこで「柔道」の創始者である**嘉納治五郎**の名前があがり，1909年に**日本で初めて**，また，**アジアでも初めて**のIOC委員が誕生したのです。

　嘉納はオリンピックの理念に共感し，大日本体育協会をつくって，今は羽田空港となっている羽田競技場で1911年にオリンピックの代表選考会を開きました。その結果，選ばれたのがマラソンの**金栗四三選手**と短距離走の**三島弥彦選手**です。

　しかし，当時は国や協会から旅費や活動するための資金などは出ませんでした。学生だった金栗選手たちにもお金はありませんでしたので，嘉納は後援会をつくって募金を始め，旅費を準備しました。

　嘉納治五郎は，当時の東京高等師範学校（今の筑波大学）の校長で，「**日本のオリンピックの父**」ともいわれています。

日本人初のIOC委員となった嘉納治五郎

28

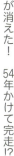

マラソン選手が消えた！ 54年かけて完走!?⑤

期待の星，オリンピックに挑む

　第5回ストックホルム大会（1912年，スウェーデン）には，初の日本人選手として三島弥彦選手と金栗四三選手が出場を果たしました。三島選手は100メートル走予選で自己ベストを記録しますが，最下位に終わり，200メートルでも残念ながら決勝へは進めませんでした。400メートルは予選は通過したものの，疲労のため途中で棄権することとなり，世界との壁を痛感することになりました。

　一方，金栗選手の代表選考会でのタイムは，当時の世界記録を上回っていたため，大きな期待を集めました。しかし，本番では25キロメートル付近で脱水症状を起こして倒れてしまい，運びこまれた民家で意識を取り戻したときには，すでに翌日だったということで，「消えた日本人マラソン選手」として不思議がられたのです。同行した日本の役員からは失望の声があがりましたが，このときのレースは厳しい暑さのもとで行われ，金栗選手とほぼ同じ年頃のポルトガルのフランシスコ・ラザロ選手は今でいう熱中症で死亡しています。

❷移動だけでも，日本からストックホルムまでは，船と列車を使って20日以上かかる長旅でした。

ストックホルム近郊のマラソンコース上の町にある金栗四三の記念銘板（Wikimedia Commons）

　暑さに加えて，アップダウンも多いコース。しかも，日本よりも硬い道を金栗選手は足袋の裏にゴムを貼っただけのもので走ったそうじゃよ。時差や食事の違いも大きかっただろうのぉ。

そして，レースから55年後…

　金栗選手は第7回アントワープ大会（1920年，ベルギー），第8回パリ大会（1924年，フランス）にも出場しています。また，その後も日本マラソン競技の発展に力を尽くしました。箱根駅伝❸が始まったのも，彼の功績です。

　そして，ストックホルム大会から55年後の1967年，ストックホルムで開かれたマラソン大会に招待された金栗四三は，運営サイドの計らいで，「54年8か月6日5時間32分20秒3」の記録でゴールテープを切りました。❹

❸1920年に始まった箱根駅伝は今でも続き，最優秀選手には「金栗四三杯」が贈られています。

❹金栗四三はゴール後のあいさつで，「長い道のりでした。途中で孫が5人もできました」とユーモアたっぷりに話しました。

第1章 オリンピックの歴史をのぞいてみよう

話したくなるランキング 位

オリンピックが中止になった!?

古代オリンピックは，聖地オリンピアをめぐる国家同士の戦争を一旦やめて，競技祭を行ったことから始まりました。しかし，近代以降はどうだったのでしょう。

第一次世界大戦による中止

第4回ロンドン大会（1908年，イギリス）からは，選手が**国家の代表**としてオリンピックに参加するようになり，表彰式では**国旗**も掲げられるようになりました。このころのヨーロッパでは国家間の対立も深まってきており，オリンピックに対する注目も一段と高くなっていきました。

1914年に**第一次世界大戦**が始まったため，1916年に行われる予定だった**第6回ベルリン大会**（ドイツ）は中止になりました。戦争はヨーロッパ全土に広まり，パリにあったIOC本部も中立国だった**スイスのローザンヌ**へ移されることになります。

ベルリン大会が中止になり，第5回ストックホルム大会（1914年，スウェーデン）で悔しい思いをしたマラソンの金栗選手は，「優勝を目指して努力を積み重ねてきたのに，目の前が真っ暗になった」と書き記しました。

戦争は1918年に終わりましたが，オリンピックは4年ごとに行われる決まりのため，期間を縮めて行われることはなく，次の第7回アントワープ大会（ベルギー）が開かれたのは1920年でした。戦争のためにオリンピックが中止になったのは，この一度だけではありません。**幻の東京大会**と呼ばれた大会がありました。どういうことだったのでしょうか。

このときのIOC委員は，ほとんどが戦争に勝利した連合国の人間で，敗戦国であるドイツ・オーストリア・ハンガリーの選手には招待状は送られませんでした。また，第二次世界大戦後の第14回ロンドン大会（1948年，イギリス）でも，敗戦国のドイツと日本は招待されませんでした。

東京オリンピックが中止になった!?

　IOC委員の嘉納治五郎は，日本でのオリンピック開催へ向けて運動を進めました。そして，1936年のIOC総会で，1940年に第18回大会を東京で行うことが決定されたのです。しかしこの頃，アジアでも日本と中国の間で戦争が始まり，日本に対する国際的な非難が高まってきていました。

　また，最初はアジア初のオリンピックへ向けて国も大きな予算を組んでいましたが，陸軍が現役将校の出場を認めないことを決めると，予算の多くが戦争のために使われるようになりました。オリンピック開催に力を尽くしてきた嘉納が1938年に亡くなったことも大きな痛手となり，日本はIOCに**オリンピックの返上**を申し出ました。

　第18回大会の開催地は，ヘルシンキ（ドイツ）に変更されましたが，1939年に第二次世界大戦が始まったため，大会自体が中止になりました。続く第13回ロンドン大会（1944年，イギリス）も，第二次世界大戦が続いていたため一旦は中止となりましたが，1948年に第14回大会として開かれました。

❷現在は，もっと早く開催地が決定する仕組みになっています。2020年の東京開催が決まったのは2013年です。

■オリンピックと世界の出来事■

オリンピックの動き	年	世界と日本のおもな出来事
第5回ストックホルム大会…………	1912	
	1914	…………第一次世界大戦が始まる
第6回ベルリン大会が中止………	1916	
	1918	…………第一次世界大戦が終わる
第7回アントワープ大会…………	1920	…………国際連盟ができる
第8回パリ大会……………………	1924	
第9回アムステルダム大会………	1928	
	1929	…………世界恐慌が始まる
	1931	…………満州事変が起こる
第10回ロサンゼルス大会 …………	1932	
	1933	…………日本が国際連盟を脱退する
第11回ベルリン大会 ……………	1936	
	1937	…………日中戦争が始まる
	1939	…………第二次世界大戦が始まる
第12回東京大会が返上 …………	1940	
	1941	…………太平洋戦争が始まる
第13回ロンドン大会が中止………	1944	
	1945	…………第二次世界大戦が終わる

第1章 オリンピックの歴史をのぞいてみよう

話したくなるランキング **7**位

東京オリンピックは日本を変えた！

敗戦後の日本は国を立て直し、国際連合へ加盟するなど国際社会への復帰を果たし、高度経済成長を迎えます。1964年には、東京オリンピックの開催へこぎつけました。

オリンピックで初めてカラーテレビ放送！

初期のオリンピックで競技の様子を世界に伝えるおもな手段は、**新聞**や**雑誌**でした。第8回パリ大会（1924年、フランス）からは**ラジオ放送**、第11回ベルリン大会（1936年、ドイツ）からは**テレビ放送**で伝えられましたが、この時代のテレビ放送はまだ白黒放送でした。

1964年10月10日①、93か国から5,000人を超える選手が集まり、アジアで初めてのオリンピックである**第18回東京大会**が開催されました。この大会から、テレビ放送は**カラー**となり、しかも開会式では通信衛星による**世界同時中継**が行われました。

ＩＯＣはオリンピックを放送する権利を、各国のテレビ局に売っています。テレビ局は利益を上げるため、視聴率を取りやすい時間帯に人気競技を行うことを求めるようになりました。2013年にはテレビ視聴者数が少ないことなどを理由に、ＩＯＣ理事会で**レスリング**を公式競技から外す決定がなされました。**オリンピック最古の競技**の1つであるレスリングの除外は、レスリング大国である日本にも大きなショックを与えました。しかし、国際レスリング連盟が**わかりやすいルール**を取り入れるなど力を尽くした結果、公式競技として残されることになりました。

①東京大会の開会式が行われた10月10日はその後、1966年に体育の日として国民の祝日に制定されました（2000年からは10月の第2月曜日に変わっています）。

②日本の、レスリングの金メダル獲得数はソ連（現在のロシア）、アメリカに続いての第3位、数は32個です。

32

⦿ バレーボールが公式競技になった！

　ボールを使う競技のうちいちばん早くオリンピックに取り入れられたのは第1回アテネ大会（1896年，ギリシャ）から続く**テニス**です。サッカー・ホッケーなどがこれに続きます。

　東京でオリンピックを開くにあたって，開催国である日本は新しい競技を2つ選ぶことができました。そのとき選ばれたのが，日本がメダルを獲得する可能性が高いと思われた，**バレーボール**と柔道でした。

> このころ，日本の女子バレーボールチームは，「東洋の魔女」と呼ばれておそれられていたのじゃよ。ママさんバレーも盛んで，オリンピック後にはバレーボールを題材にしたテレビドラマや漫画も人気だったのじゃ。

　日本女子バレーボールチームはオリンピック前の1962年に行われた世界選手権で，決勝戦で**ソ連**❷を破って優勝しています。オリンピックでも，アメリカ・ルーマニア・韓国・ポーランドを下して**一度も負けずに決勝**に進み，同じく無敗で勝ち上がってきたソ連と再び優勝を争いました。日本チームの得意技は，ねばり強くボールを拾う**回転レシーブ**で，前方へ回転しながらボールを拾うこのレシーブは，柔道の受け身を思わせます。

　この決勝戦は，マッチポイントが5度も続く白熱したものとなりましたが，日本チームが勝利をおさめました。

　　　　　この東京大会では，**男子バレーボールチームも銅メダル**を獲得しています。

❷ソ連は1991年に崩壊，ロシア連邦などの国々に再構成されました。

東京大会の女子バレーボール，ソ連との決勝戦

> この女子バレーボールの決勝戦のテレビ視聴率は**平均66.8パーセント**を記録したのじゃよ。すごい数字じゃのぉ。

❼ 東京オリンピックは日本を変えた！

33

柔道が公式競技になった！

　古くからの日本の武道をもとに柔道という競技をつくりあげ，アジア初のＩＯＣ委員となった**嘉納治五郎**は，柔道をオリンピックの公式競技にすることを夢見ていました。嘉納たちの努力により，柔道は次第に世界各地に広まり，1956年には東京で第1回世界選手権大会が開かれるまでになりました。そして，バレーボールとともに**第18回東京大会**（1964年，日本）で念願の公式競技入りを果たしました（柔道は男子のみ）。

　柔道の国際化とともに外国人選手も力をつけ，1961年の世界選手権大会ではオランダの**アントン・ヘーシンク選手**が外国人で初めて優勝しています。そして迎えた東京大会では，柔道をお家芸とする日本が，軽量級（**中谷雄英選手**），中量級（**岡野功選手**），重量級（**猪熊功選手**）と連続で金メダルを取り，その強さを見せつけました。しかし，無差別級では**ヘーシンク選手**が，終了間際に**けさ固め**で一本勝ちをおさめたのです。

　勝負が決したとき，会場となった日本武道館は静まりかえり，オランダチームは喜びのあまり駆け寄ろうとしましたが，ヘーシンク選手はこれを手で制し，武道家としての礼を尽くしました。

　日本が金メダルを独占するかにみえた柔道で，ヨーロッパの選手が優勝したことは，柔道がさらに国際的に広まるきっかけとなりました。体格で劣る日本選手は，その後も無差別級では苦戦し，1976年の第21回モントリオール大会（カナダ）で**上村春樹選手**がようやく日本人で初めて無差別級で金メダルを獲得しました。

❶オリンピックで初めて女子の柔道が行われたのは第24回ソウル大会（1988年，韓国）で，このときはまだ公開競技でした。公式競技として行われるようになったのは，次の第25回バルセロナ大会（1992年，スペイン）からです。

❷現在，柔道の競技人口が世界一多い国は**フランス**で約60万人といわれ，日本の約16万人を大きく上回っています。

オリンピックで青い柔道着が使われるようになったのは，2000年の第27回シドニー大会からじゃよ。反対意見もあるが，選手を見分けやすく，どちらが技をかけたのかがわかりやすくなって誤審が減るという利点もあるのじゃよ。

はだしのマラソン選手が金メダル！

東京大会の前の大会である第17回ローマ大会（1960年，イタリア）の男子マラソンで優勝したのは，無名の**アベベ・ビキラ選手**でした。それも，レース直前にシューズが壊れたため，「足に合わない新しいシューズで走るより，何も履かないほうがいい」と言って，**はだし**でマラソンを完走し，しかも，当時の**世界新記録**となる2時間15分16秒でゴールしたのです。

アベベ選手が生まれた**エチオピア連邦民主共和国**はアフリカ中部の高原の国です。標高の高いところでトレーニングをすると，酸素を体内に運ぶ力が強まり，持久力がつくといわれます。子どものころから野山をかけまわっていたアベベ選手は，はだしで走ることにも慣れていました。

アフリカ選手として初の金メダルであることに加え，はだしでマラソンを完走したことに，世界中の人々が驚きました。ローマ大会のあった1960年は，ヨーロッパの植民地とされていた多くのアフリカの国々が独立を果たした「**アフリカの年**」です。しかもエチオピアは，ローマを首都とするイタリアに支配された歴史があったため，エチオピア国民はアベベ選手の金メダルに熱狂しました。

アフリカの地図。エチオピア連邦民主共和国（赤）

❸今ではマラソン選手の多くが，高地でトレーニングをしています。

はだしで走るアベベ選手

シューズを履いても金メダル！

「**はだしの王者**」のニックネームをもらったアベベ選手は，4年後の第18回東京大会にも出場することになっていましたが，オリンピックを目前に，**虫垂炎**（盲腸）の手術を受けたため，練習できるようになったのは東京に来てからでしたが，なんと世界記録を1分以上縮めて優勝しました。このときのアベベ選手は，しっかりとシューズを履いていました。**マラソンで2大会連続金メダル**はアベベ選手が初めてで，さらに，連続して2回世界記録を出したのは今でもアベベ選手ただひとりです。

❹このレースで，日本の円谷幸吉選手は銅メダルを取りました。

❺その後，第21回モントリオール大会（1976年，カナダ）と第22回モスクワ大会（1980年，ソ連，現在のロシア）でチェルピンスキー選手（東ドイツ，現在のドイツ）が2大会連続金メダルをとっています。

❼東京オリンピックは日本を変えた！

オリンピックが東京を世界都市に発展させたの？

オリンピックを開くときには、そのときだけのイベントではなく、「レガシー（遺産）」を残すことが求められます。オリンピック・レガシー[1]には、次のようなものがあります。

◎スポーツなどの施設が整えられる
◎スポーツの人気が高まり、スポーツ人口が増える
◎スポーツのための用具が進化する
◎開催国に対する関心が高まる

[1] オリンピック・レガシーは、近代オリンピックが100周年を迎えた1996年の第26回アトランタ大会（1996年、アメリカ）から唱えられるようになりました。

どこも多くのイベントが開かれて、親しまれてきたのぉ。

スポーツ施設のオリンピック・レガシー

第18回東京大会（1964年、日本）のオリンピック・レガシーのうち、スポーツ施設としては柔道競技が行われた日本武道館、開会式をはじめ陸上競技・サッカー・馬術競技が実施された国立霞ヶ丘競技場、水泳・バスケットボールなどが行われた国立屋内総合競技場（代々木体育館）、レスリング・バレーボールなどが行われた駒沢オリンピック公園体育館、ウエイトリフティング（重量挙げ）が行われた渋谷公会堂などがあります。

参加選手の多くが宿泊していた代々木の選手村の跡地は、現在は代々木公園となっています。

国立競技場は霞ヶ丘のメインスタジアムのほか、代々木の体育館などからなりますが、このうち、国立霞ヶ丘競技場は取り壊され、第32回東京大会（2020年、日本）の開催へ向けて新国立競技場が建設されています。

開会式が行われた旧国立霞ヶ丘競技場

新幹線もオリンピック・レガシー!?

交通機関では、都心部を網の目のように走る**首都高速道路**、東京と大阪を結ぶ**東海道新幹線**をはじめ、**東京モノレール羽田空港線**、地下鉄日比谷線、環状7号線などが整えられました。

また、多くの外国人が訪れるため、ホテルニューオータニ、ホテルオークラ東京、ヒルトン東京などの高級ホテルも建てられました。

一方で、オリンピックを開くための費用はその後、どんどん膨れ上がり、開催地に立候補する都市が少なくなっていきました。1984年に行われた第23回大会は、ロサンゼルス（アメリカ）しか立候補していません。第22回ソチ冬季大会（2014年、ロシア）では、**5兆円**もの費用がかかったそうです。

1964年に開業した東海道新幹線

アフリカでオリンピックが開かれたことがないのは、競技施設の建設などの多額の費用を負担できないといった、経済的な問題も大きいのじゃよ。

体育の日もオリンピック・レガシー

そのほか、開会式の開かれた10月10日が**体育の日**として定められたことや、全国に**スポーツ少年団**がつくられたことなども東京大会のオリンピック・レガシーのひとつです。子どもたちが**フェアプレー精神**や**スポーツマンシップ**を学んで、人生を豊かにしていくための場として、スポーツ少年団は今も大きな役割を果たしています。

また、パラリンピックを支える**義足**をつくる技術などの発達が、障がい者の日常生活を支える技術に役立っています。陸上競技などで使用されるシューズは、オリンピックごとに、より軽く走りやすい新しいモデルが開発されてきました。第18回東京大会のマラソンで銅メダルをとった**円谷幸吉選手**が履いていたシューズは、若者を中心に飛ぶように売れました。

海外からの観光客の数が増えて、開催地の**文化**が世界にアピールされるのも、オリンピック・レガシーといえるのじゃよ。

第1章 オリンピックの歴史をのぞいてみよう

話したくなるランキング **8**位

夏季大会と冬季大会が同じ年に行われていた!?

気温が低く雪が多く降る地域で発達したスポーツは，冬季大会で競技が行われます。冬季大会の開催時期を夏季大会と2年ずらしているのはなぜでしょう。

シャモニー・モンブラン冬季大会
（1924年，フランス）のポスター

夏季大会でスケート !?

冬季スポーツが初めてオリンピックで行われたのは，第4回ロンドン大会（1908年，イギリス）です。当時のオリンピックは約半年にわたって行われたため，大会の終わり頃の10月に男女の**フィギュアスケート**が行われました。

第7回アントワープ大会（1920年，ベルギー）でも，**フィギュアスケート**と**アイスホッケー**が行われました。そしてその次の年に，IOC総会で，冬季スポーツは独立した大会で行うことが提案されました。

古代オリンピックには冬季スポーツがなかった!

冬季スポーツがオリンピックに取り入れられるまでに時間がかかったのには，**古代オリンピックには冬季スポーツがなかった**ことが大きな理由として挙げられます。

また，当時のヨーロッパでスキーやスケートが盛んな地域が限られていました。しかも，「スキーが国技」といわれた**ノルウェー**と**スウェーデン**が，冬季オリンピックの創設に反対していたのです。ほかの国の選手が強くなることを嫌ったためといわれていま

す。しかし，フランスやスイス，カナダのＩＯＣ委員が冬季大会の開催を強く主張し，1924年，第1回大会としてフランスのシャモニー・モンブランで試験的に行われました。

この大会で行われた競技は**スキー・スケート・アイスホッケー・ボブスレー**の4競技・14種目です。16か国から258人の選手が参加しましたが，女子の参加はフィギュアスケートのみでした。

シャモニー・モンブラン大会は，ＩＯＣの後援でフランスが開いた「国際冬季競技週間」でしたが，1925年に**「第1回冬季オリンピック競技大会」**として認められ，以後，**冬季大会も4年ごと**に行われることになり，1928年に第2回サン・モリッツ冬季大会（スイス）が開かれることになります。

❶シャモニー・モンブランはアルプス山脈でいちばん高い山モンブランのふもとの町です。日本の選手は，前年の1923年に関東大震災が起こったため，参加できませんでした。

たった2年後にオリンピック!?

シャモニー・モンブラン冬季大会が開かれたのは第8回パリ大会（フランス）と同じ1924年，サン・モリッツ冬季大会が開かれたのも第9回アムステルダム大会（オランダ）と同じ1928年です。このように，第16回アルベールビル冬季大会（1992年，フランス）まで，**冬季大会は夏季大会と同じ年**に行われていました。

しかし，**第17回リレハンメル冬季大会**（ノルウェー）は，アルベールビル冬季大会から2年後の1994年に開かれ，この大会からあとは，夏季大会と冬季大会は2年の間隔を開けて開催されるようになりました。

それぞれの大会が大きな規模になってきたことや，分けて行うことで冬季大会への注目が高まり，企業からお金も集めやすくなると期待したことなどが理由といわれます。

❷そのため，アルベールビル冬季大会，リレハンメル冬季大会と，間に夏季大会をはさまずに，冬季大会が続けて行われました。

> オリンピックの冬季大会は，サッカーのFIFAワールドカップと同じ年に行われているのじゃよ。

❽夏季大会と冬季大会が同じ年に行われていた!?

スケート競技の橋本聖子選手（上）と自転車競技の橋本聖子選手（下）

夏と冬，合わせて7回も出た選手がいる！

橋本聖子選手は，第14回サラエボ冬季大会（1984年，ユーゴスラビア，現在のボスニア・ヘルツェゴビナ）から，合わせて**7度のオリンピック出場**を果たしました。冬季は**スピードスケート**選手，夏季は**自転車**選手としての出場で，いずれも瞬発力とスタミナが必要とされる競技です。

第15回カルガリー冬季大会（1988年，カナダ）ではスピードスケート女子**5種目に出場し，すべての種目で日本記録を樹立**しています。また，同じ年の第24回ソウル大会（韓国）では自転車選手として出場しました。さらに第16回アルベールビル冬季大会（1992年，フランス）では，スピードスケートの1,500メートルで銅メダルを取り，同じ年に行われた第25回バルセロナ大会（スペイン）でも自転車の代表選手として出場しました。

そして，引退後，第31回リオデジャネイロ大会（2016年，ブラジル）では**初の女性の団長**となって日本選手団を率いました。

スピードスケートの選手はふだんから，夏の間の体力強化のため，自転車を練習に取り入れているのじゃよ。

ほかにもこんな選手が！

ほかにも，**関ナツエ選手**は橋本選手と同じカルガリー冬季大会でスピードスケート，ソウル大会では自転車競技に出場，また，**大菅小百合選手**も第19回ソルトレークシティ冬季大会（2002年，アメリカ）でスピードスケート，第28回アテネ大会（2004年，ギリシャ）では自転車競技に出場しました。

男子で初めて夏冬両方の大会に出場したのは，**青戸慎司選手**です。ソウル大会で陸上競技の4×100メートルリレーに出場して**アジア新記録**を出し，それから10年後に行われた第18回長野冬季大会（1998年，日本）ではボブスレー4人乗りでも出場しました。

40

夏冬両方で金メダル⁉

アメリカの**エディー・イーガン選手**は，第7回アントワープ大会（1920年，ベルギー）の**ボクシング**男子ライトヘビー級で金メダルを取りました。4年後の第8回パリ大会（1924年，フランス）では階級を上げてヘビー級で出場しましたが，予選で敗退し，ボクシングを引退しています。しかし，第3回レークプラシッド冬季大会（1932年，アメリカ）で，男子**ボブスレー4人乗り**チームの一員として出場し，金メダルに輝きました。

夏冬両方の大会の違う競技で**どちらも金メダル**をとったのは，現在までに**イーガン選手ただひとり**です。

ボブスレー4人乗り
（Wikimedia Commons）

両方に出ただけでなく，メダルまで⁉

世界にはほかにも，夏冬両方の大会に出場した選手がいます。金メダルとはいかなくても，その両方でメダルを取った選手がいます。女子スピードスケートの**クリスタ・ルディンク選手**[1]（東ドイツ，現在のドイツ）は，第14回サラエボ冬季大会の500メートルで金メダル，第15回カルガリー冬季大会の1,000メートルで金メダル，500メートルで銀メダル，第16回アルベールビル冬季大会の500メートルで銅メダルと，4つのメダルを獲得したうえ，第24回ソウル大会の自転車競技でも銀メダルを取り，**合計5つ**もメダルを獲得しました。

ノルウェーの**ヤコブ・チューリン・タムス選手**は，スキージャンプ競技で金メダル，セーリングで銀メダルをとり，アメリカの**ローリン・ウィリアムズ選手**は，陸上競技女子100メートルで銀メダル，ボブスレー女子2人乗りで，銀メダルを取っています。

[1] 同じ時期に活躍した橋本聖子選手とは，ライバル同士でした。

陸上競技とボブスレーは，どちらもスタートが重要なのじゃ。瞬発力のある陸上選手はボブスレーに向いているといえるのぉ。

第1章 オリンピックの歴史をのぞいてみよう

話したくなるランキング **9**位

1つの大会で8つの金メダルをとった選手がいる!?

1つの国が1大会で金メダルを8個取るのも，たいへんなことです。それを，ひとりで成し遂げたのですから驚きです。

オリンピックでメダルを28個!?

　水泳は第1回アテネ大会から続く，歴史のある競技です。アメリカの**マイケル・フェルプス選手**は，15歳で第27回シドニー大会（2000年，オーストラリア）に初めて出場し，続く第28回アテネ大会（2004年，ギリシャ）では，金メダル6個，銅メダル2個を取りました。しかし，第20回ミュンヘン大会（1972年，西ドイツ，現在のドイツ）でアメリカの**マーク・スピッツ選手**が記録した7種目での金メダルには及びませんでした。この悔しさをばねに，水泳選手として脂の乗り切った20歳代前半で臨んだ次の第29回北京大会（2008年，中国）では，**1大会8個の金メダル**という，オリンピック史上最高の記録を達成しました。

①しかも，100メートルバタフライをのぞく**7種目で世界記録**を打ち立てました。

■フェルプス選手がオリンピックでとったメダル■

種目	アテネ	北京	ロンドン	リオデジャネイロ
100メートルバタフライ	金	金	金	銀
200メートルバタフライ	金	金	銀	金
200メートル自由形	銅	金	／	／
200メートル個人メドレー	金	金	金	金
400メートル個人メドレー	金	金	／	／
4×100メートルフリーリレー	銅	金	銀	金
4×200メートルフリーリレー	金	金	金	金
4×100メートルメドレーリレー	金	金	金	金

マイケル・フェルプス選手

42

⑨ 1つの大会で8つの金メダルをとった選手がいる⁉

水泳は，次々と競技が行われます。別の種目であれば同じ日にレースが行われることもあるため，たいへんなスタミナが必要とされますが，フェルプス選手は，第30回ロンドン大会（2012年，イギリス）でも，**4個の金メダル**と**2個の銀メダル**を獲得しました。

続く第31回リオデジャネイロ大会（2016年，ブラジル）では，代表選考会で記録が伸びなかったため，すでに過去の選手と見られていましたが，競技が始まると，200メートルバタフライでいきなり金メダルを取って，世界を驚かせ，4×100メートルリレーでも金メダルを獲得したのです。フェルプス選手は，金メダル23，銀メダル3，銅メダル2の，合計28個のメダルをオリンピックで獲得した**史上最強の水泳選手**です。

> オリンピックの水泳で日本人がとったメダルの合計数でいちばん多いのは，北島康介選手の7個じゃよ。

❷ フェルプスに次ぐ2位に入った日本の坂井聖人選手を指導するコーチは，「フェルプスのことはマークしていなかった」とのことです。

🏅 48年にわたるメダル女王⁉

フェルプス選手が現れるまでの間，オリンピックメダルの最多獲得記録をもっていたのは，ソ連（現在のロシア）の体操選手**ラリサ・ラチニナ選手**です。

ラチニナ選手は，第16回メルボルン大会（1956年，オーストラリア）から第18回東京大会（1964年，日本）まで，3度のオリンピックに出場し，9個の金メダル，5個の銀メダル，4個の銅メダル，**合計18個のメダル**を獲得しました。特にメルボルン大会では，個人総合・跳馬・床運動・団体総合で金メダル，段違い平行棒では銀メダルを取り，圧倒的な強さを見せました。また，東京大会ではすでに30歳でしたが，団体と個人床で**オリンピック3連覇**を果たし，最後のオリンピックを締めくくりました。

フェルプス選手が2012年に19個目のメダルを取るまで，なんと**48年**もの間，メダル女王だったのです。

❸ ラチニナ選手がオリンピックでとった金メダルの数は，陸上のパーヴォ・ヌルミ選手，カール・ルイス選手，ウサイン・ボルト選手，水泳のマーク・スピッツ選手と並ぶ第2位となっています。

43

エミール・ザトペック選手

① 今はチェコ共和国とスロバキア共和国の2つの国に分かれています。

チェコ共和国（赤）とスロバキア共和国（青）

「人間機関車」ザトペック

チェコスロバキアの陸上選手，**エミール・ザトペック選手**は，第14回ロンドン大会（1948年，イギリス）の10,000メートルで金メダル，5,000メートルで銀メダルを取り，続く**第15回ヘルシンキ大会**（1952年，フィンランド）にも出場しました。

そして，そのヘルシンキ大会の10,000メートルで連覇を果たすと，**4日後**には，5,000メートルでもほかの選手を寄せつけずに勝利し，さらに，**3日後**には一度も出場したことのなかった**マラソン**に挑みました。

このレースは，その年のマラソン大会で世界記録を出した，イギリスのジェームズ・ピーターズ選手が本命でした。初めてのマラソンだったザトペック選手はペースがわからず，走りながらピーターズ選手に，このペースで走っていてよいのかと聞いたそうです。遅すぎるくらいだというピーターズ選手の答えにまもなくスピードアップしたザトペック選手は，**2位に2分以上の差**をつけて圧勝してしまいました。

ザトペック選手はたった8日の間に，10,000メートル，5,000メートル，マラソンの**3つの金メダル**を獲得してしまったのです。1つの大会で陸上の長距離3種目を制する「**三冠王**」は，今後もあらわれないだろうといわれています。

ザトペック選手につけられたニックネームの「**人間機関車**」は，ザトペック選手のもがき苦しむような全力の走り方から名づけられたものです。

ザトペック選手の練習は独特で，200メートルや400メートルを全力で走り，同じ距離を軽くジョギングして，また全力で走ることを繰り返して持久力を高めるというものだったのじゃよ。この「**インターバル・トレーニング**」は，ザトペック選手の活躍で世に広まったのじゃ。

「稲妻」ウサイン・ボルト

　ジャマイカの**ウサイン・ボルト選手**は、10代のころ、200メートルで国際大会にデビューしました。2004年には19秒93のジュニア世界記録を達成し、10代で200メートル20秒の壁を超えた最初の選手になりました。

　2007年からは100メートルにも参戦し、アメリカの**タイソン・ゲイ選手**らとともに世界最速の座を争うようになります。

　第29回北京大会の100メートル決勝では、胸を手でたたきながらゴールする余裕を見せ、自分自身のもつ世界記録を塗り替え、200メートルでも**19秒30の世界記録**で金メダルを取りました。②

　続く第30回ロンドン大会、第31回リオデジャネイロ大会でも100メートル、200メートル、4×100メートルリレーに出場し、いずれも**金メダル**を取っています。かつてアメリカのカール・ルイス選手が100メートル、200メートルを2大会連続で制しましたが、それを上回る「**史上最速のスプリンター**」の称号を手に入れたのです。稲妻のように速いボルト、という意味で「**ライトニング・ボルト**」とも呼ばれます。

　195センチメートルの身長をもつボルト選手は、100メートルを他の選手よりも少ない41歩ほどで走ることができます。また、後半になるほど一歩の幅が大きくなる追い上げ型で、ゴール前の圧倒的な速さをみせました。2017年の世界陸上ロンドン大会（イギリス）の100メートルで、ボルト選手は3位に終わり、引退を表明しました。

⑨ 1つの大会で8つの金メダルをとった選手がいる!?

②4×100メートルリレーでも優勝しましたが、のちにチームのメンバーに薬物反応が出たため、金メダルを取り消されました。

稲妻をあらわす「ライトニング・ボルト」のポーズをとるボルト選手

2009年の世界陸上ベルリン大会（ドイツ）で、100メートルの世界記録9秒58を打ち立てたウサイン・ボルト選手

第1章 オリンピックの歴史をのぞいてみよう

話したくなるランキング **10**位

ハンマー投げは本物の ハンマーを投げていた!?

投てき競技は，投げる用具の種類によって，ハンマー投げ・砲丸投げ・円盤投げ・やり投げの4種目に分かれています。なぜこのような競技が生まれたのでしょう。

車軸

①車輪と車輪をつなぐ部分。両端に車輪がつく。

②室伏選手の父で「アジアの鉄人」と呼ばれた重信選手は4回もハンマー投げでオリンピック代表となった名選手です。

🥇 ハンマー投げ

　ハンマー投げは，ワイヤーをつけた鉄の玉を，約2.1メートルの円内から，体を回転させて投げ，その距離を競う競技です。ハンマーの重さは男子が **7.26キログラム**，女子が **4キログラム** もあります。競技は，陸上トラックのコースの内側（フィールド）で行われるため，事故防止のため，選手は鳥かごのようなネットに囲まれたなかからハンマーを投げます。

　ハンマー投げのおこりは，**アイルランド** で行われていた **車輪投げ** だといわれます。これは，車軸に，片方だけ車輪がついたものを投げ飛ばす競争でした。その後，用具やルールが変化していくうち，鉄の鎖をつけた金づち（ハンマー）を投げる競技になっていったのです。

　日本では，**室伏広治選手** が4回のオリンピックに出場し，そのうち第28回アテネ大会（2004年，ギリシャ）では，優勝した選手が失格となったため，繰り上げで金メダルを獲得しました。これは，オリンピックの投てき競技で日本人がとった初めての金メダルです。

第30回ロンドン大会（2012年，イギリス）銅メダルの室伏広治選手

円盤投げ

円盤投げは，円形の木の板に金属のふちがついた円盤を，約 2.5 メートルの円内から体をねじるように回転させて投げ，その距離を競います。円盤の重さは男子が **2キログラム**，女子が **1キログラム** です。

原始時代の遺跡から円盤状の石が出土しており，この競技は，**武器として円盤を投げた** ことが始まりと考えられます。

古代ギリシャの焼き物にえがかれた円盤投げ (Wikimedia Commonds)

⑩ ハンマー投げは本物のハンマーを投げていた!?

やり投げ

やり投げは，**2メートル以上** の長さのやりを，助走をつけて投げ，その距離を競う競技です。やりは地面にささらなくてもかまいませんが，先端から着地しなければなりません。やりの重さは **男子が 0.8 キログラム，女子が 0.6 キログラム** です。

やり投げは，動物の狩りや兵士の戦いを思いおこさせる競技です。投てき競技のなかで **古代オリンピックでも行われていた** のは，円盤投げとこのやり投げです。

やりがフィールドの外に飛んでいくと，たいへん危険なので，世界記録が大きく伸びすぎた後は，やりの重さなどを変えて，飛びすぎないようにしてきました。

砲丸投げ

砲丸投げの原型は，原始時代の人々が **動物を狩るために石を投げた動作** にあります。中世には大砲という武器が生まれ，弾丸を運ぶ兵士たちが弾丸を，より遠くに投げる力比べをするようになりました。

砲丸投げは，鉄でできた玉を，ハンマー投げと同じ円内から投げて，その距離を競う競技です。砲丸の重さはハンマー投げと同じです。投げるときに **砲丸を肩より後ろに引くと反則** になります。

47

第1章 オリンピックの歴史をのぞいてみよう

話したくなるランキング **11** 位

車に乗って
マラソン優勝⁉

スポーツをする人間は，勝利を目指すだけでなく，ルールを守って正々堂々と競うことが求められます。このフェアプレーに反する行いが，オリンピックでも行われてきました。

セントルイス大会のポスター

❶一方でアスファルトの舗装道路も，太陽の照り返しでたいへん熱くなります。2020年に行われる第32回東京大会（日本）では，マラソンコースに，太陽光を受けてもあまり熱くならない材料を用いる予定です。

車でマラソン⁉

　第3回セントルイス大会（1904年，アメリカ）は北アメリカ大陸で行われた初めてのオリンピックです。この大会のマラソン競技は8月30日に行われ，大変な猛暑だったうえに，舗装されていない，土ぼこりの舞うコースでした。❶

　出場した選手のうち，完走できたのは**半分以下**のたった14人だけというきついレースでしたが，アメリカの**フレッド・ローツ選手**が，当時の記録を30分以上も縮める驚きの走りでゴールしたので，地元アメリカの観客は大喜びでした。

　ところが，1時間以上も遅れてゴールした，同じアメリカ代表の**トーマス・ヒックス選手**が優勝となってしまったのです。なにが起こったのでしょうか。

　実は，ローツ選手は，あまりの暑さに倒れてしまったところを，通りがかった**車に乗せてもらっていた**のです！　しかし，この車が途中で故障してしまったために，少し休んで体力が回復したローツ選手はまた走り出し，ゴールすることができたのです。この事件により，ローツ選手はマラソン界から永久追放されましたが，後日，処分は撤回され，1905年の**ボストンマラソンで優勝**しています。

ちなみに，優勝したヒックス選手の記録は，歴代オリンピックのマラソン記録でいちばん遅い**3時間28分53秒**です。どんなにつらいレースだったかがうかがえますね。

参加することに意義がある！

「オリンピックで重要なのは，勝つことではなく，参加すること」「オリンピックは，参加することに意義がある」という言葉をどこかで一度は聞いたことがあるのではないでしょうか。このようにいわれるようになったのはどうしてでしょうか。

国どうしの対抗意識が高まってきた**第4回ロンドン大会**(1908年，イギリス)は，万国博覧会の付属大会ではなく，初めて，独立したオリンピックとして行われた大会でした。しかし，この大会では特に陸上競技で，**開催国イギリスとアメリカ**が火花を散らしていました。

陸上男子400メートルの決勝では，レース中にイギリス選手とアメリカ選手がぶつかったことについての審判の対応にアメリカ側が怒って棄権するということがありました。

また，ロンドン大会では**綱引き**もありました。このころはまだ，国が選手団を送るのではなく，個人やチームでの参加だったため，イギリスからは3チームが出場していました。

そのうちのイギリス警察のチームとアメリカチームの対戦は，2対0でイギリスのチームが圧勝しました。勝ったチームがふんばりのきく，**スパイクシューズ**を履いているのを見たアメリカチームは抗議しましたが，審判は抗議をしりぞけたため，**アメリカは以後の競技を棄権**してしまいました。

このような争いがあったことを聞いたアメリカのエチェルバート・タルボット主教がミサで，各国選手団の前で「オリンピックで重要なことは，勝利することよりむしろ，参加したということだ」と呼びかけたのです。それを聞いたクーベルタンが心を打たれて，オリンピックの理想について，このことばを引用して演説したことから，語り継がれることになったのです。

❷オリンピックの開催地として立候補するのは都市であり，国家がオリンピックを開くのではありません。このことは，スポーツは国同士が争うものではないという考えを示しています。

❸用具については，競技ごとにさまざまな決まりごとが設けられています。水泳では，2000年代に全身を覆う水着をつけた選手が次々と世界記録を打ち立てたため，その水着は第29回北京大会(2008年，中国)後に禁止されました。

❹キリスト教の役職の1つで，権威の高い位に使われる称号です。

勝利のためには手段を選ばない!?

　第3回セントルイス大会のマラソンで，失格のローツ選手に代わって優勝したアメリカの**トーマス・ヒックス選手**は，レース後に倒れて病院に運ばれました。彼はレース中に，ストリキニーネ入りのブランデーを飲んでいたといわれます。現在のルールでは**ドーピング違反**となりますが，当時はまだ明確に禁止されていなかったため，今でもヒックス選手の優勝は認められています。

　また，第17回ローマ大会（1960年，イタリア）では，覚せい剤の一種であるアンフェタミンを飲んで自転車ロードレースに出場したデンマークの選手が，転倒して死亡しています。

　そのようなスポーツマンシップに反する行為が続くなか，**1968年**の第10回グルノーブル冬季大会（フランス）から，ようやく**薬物検査**が始まりましたが，禁止薬物が定められるたびに新たな薬物が開発されるため，イタチごっこが続いています。

　薬物使用が明らかになった選手は，ＩＯＣから厳しい処分を受けます。第24回ソウル大会（1988年，韓国）では，カナダの**ベン・ジョンソン選手**が，陸上男子100メートルで世界記録を出して金メダルをとりましたが，その2日後にスタノゾロールの反応が出たことで，世界記録と金メダルをともに取り上げられました。

国ぐるみのドーピング!?

　1991年にソ連が崩壊して生まれたロシアでは，スポーツで好成績をあげられなくなっていったため，2000年代ごろから，ソ連時代の**国ぐるみの薬物使用**を復活させました。ロシアの国ぐるみの薬物使用は2014年に内部告発で明らかになり，調査の結果，第31回リオデジャネイロ大会（2016年，ブラジル）では118人のロシア選手が出場禁止となりました。さらに第23回平昌冬季大会（2018年，韓国）では，ロシア選手団としての出場は認められませんでした。

---

❶少量を飲むと神経を興奮させる作用があります。

❷筋肉増強剤のステロイドの一種です。

❸ドーピングをしていないと認められたクリーンな選手は，「ロシアからのオリンピック選手（OAR）」として個人資格で参加しましたが，ロシアの国旗や国歌は使用できませんでした。

ボクシングで疑惑の判定!?

　第30回ロンドン大会（2012年，イギリス）は，同一都市で行われる3度目の大会でした。

　この大会のボクシング男子バンタム級で，日本の清水聡選手がアゼルバイジャンのマゴメド・アブドゥルハミドフ選手と対戦しました。1，2ラウンドまではアブドゥルハミドフ選手が優勢でしたが，3ラウンドに清水選手が反撃に転じ，アブドゥルハミドフ選手は防戦一方となり，6度も倒れ込みます。しかし，レフェリーはダウンをとらずに試合は進み，結局，17対22で清水選手の判定負けに終わりました。試合後，日本側の激しい抗議に，審判委員がビデオを見直した結果，清水選手のレフェリー・ストップ勝ちにかわり，トルクメニスタン人のレフェリーと，アゼルバイジャン人の国際競技役員が大会から追放されました。

④ 1991年にソ連の崩壊により独立国家となりました。

⑤ ソ連の崩壊で独立した永世中立国。カスピ海をはさんでアゼルバイジャンと向かい合う。

アゼルバイジャン（青）とトルクメニスタン（赤）

　清水選手はその後の試合で準決勝進出を決めて，銅メダルに輝いたのじゃよ。オリンピックの男子ボクシングでは日本人選手としては44年ぶりのメダリストになったのじゃ。

✴✴✴ オリンピック精神をみせる選手たち ✴✴✴

　第31回リオデジャネイロ大会の陸上女子5,000メートル予選の3,000メートル付近で，アメリカのアビー・ダゴスティノ選手が前を走っていたニュージーランドのニッキー・ハンブリン選手に接触し，2人とも転倒してしまいました。体を強く打って立ち上がれないハンブリン選手を見たダゴスティノ選手は，ハンブリン選手を助け起こして励まし，予選通過の望みがなくなった後も2人で走り続けました。しかし，ダゴスティノ選手も足を痛めたことがわかり，うずくまってしまいます。すると今度はハンブリン選手が相手を励まし，ともにレースを続けました。オリンピック精神に基づいて競技した2人の行動は称えられ，競技後，大会側は2人にフェアプレー賞を贈りました。

ダゴスティノ選手（右）とハンブリン選手（左）

第1章 オリンピックの歴史をのぞいてみよう

話したくなるランキング **12**位

鳩が焼けてしまった大会がある!?

オリンピックの始まりには開会式が，終わりには閉会式が行われます。毎回同じ段取（だんど）りで行われているように見えますが，それはＩＯＣの定めたオリンピック憲章（けんしょう）にそって進められるからです。

古代ギリシャの時代から，鳩は平和のシンボルとして用いられていたのじゃよ。

第24回ソウル大会の開会式
（Wikimedia Commonds）

鳩（はと）はオリンピック開会式の出演者？

2003年版までのオリンピック憲章には，次のような決まりがありました。

> オリンピック聖火が，走者たちのリレーによってスタジアムに運び込まれる。最後の走者がトラックを1周し，オリンピック聖火に点火する。聖火はオリンピック競技大会の閉会式まで消されてはならない。**聖火への点火に続いて，平和を象徴（しょうちょう）する鳩が解（と）き放（はな）たれる。**

憲章に定められた以上は，鳩は開会式にどうしても必要な「**出演者**」ということになります。第1回アテネ大会（1896年，ギリシャ）では，1,000羽の鳩が用いられた記録が残されています。第18回東京大会（1964年，日本）でも聖火の点火後に，約8,000羽の鳩が解（と）き放（はな）たれました。

ところが，**第24回ソウル大会**（1988年，韓国（かんこく））では，聖火の点火後に放すはずの鳩を先に放してしまい，聖火台に止まっていた数羽の鳩が点火された聖火によって焼けてしまったのです。

この悲しい出来事があったこと，さらに，世界的にも動物愛護（あいご）

52

の気運の高まりもあり，2004年版のオリンピック憲章から，**鳩の決まりはなくなりました**。それでも，第30回ロンドン大会（2012年，イギリス）では，鳩をイメージした衣装の人々が自転車でスタジアムを走り回ったり，第31回リオデジャネイロ大会（2016年，ブラジル）で，五輪栄誉賞の授与式に，鳩の凧を持った子どもたちが，受賞者と一緒に入場したりという形で，鳩が出演を果たしました。

❶リオデジャネイロ大会から設けられた新しい賞です。第19回メキシコシティー大会（1968年，メキシコ)の陸上男子1,500メートルでケニア初の金メダルをとり，その後，青少年教育に力を尽くしたキプチョゲ・ケイノ(ケニア・オリンピック委員会の会長）が受賞しました。

⑫鳩が焼けてしまった大会がある!?

日本のプラカードは「ＮＩＰＰＯＮ」だった？

入場行進にも，オリンピック憲章の決まりがあります。

> 選手団は**開催国の言語**での**アルファベット順**にパレードする。ただしギリシャと開催国は例外で，**ギリシャは行進の先頭**に立ち，**開催国は最後尾**とする。

入場行進は最初から行われていたのではなく，**第4回ロンドン大会**（1908年，イギリス）から始まりました。第9回アムステルダム大会（1928年，オランダ）からは，近代オリンピックの始まりの地であるギリシャへの尊敬の気持ちから，**ギリシャが最初に入場**するようになりました。

入場行進が行われるようになってから初めてギリシャで開かれた，第28回アテネ大会（2004年）では，どのように行進したのでしょう。先頭として登場したのは，**ギリシャの旗手のみ**❷で，開催国としての最後の行進でギリシャ選手団が入場しました。

日本が初めてオリンピックに参加した第5回ストックホルム大会（1912年，ノルウェー）では，短距離走の三島弥彦選手が旗手を務め，マラソンの金栗四三選手がプラカードを持ちました。そのプラカードには，英語の「ＪＡＰＡＮ」ではなく，「ＮＩＰＰＯＮ」と書かれていました。役員の間で意見が分かれたため，結局，ローマ字表記の「ＮＩＰＰＯＮ」に落ち着いたということです。「ＪＡＰＡＮ」の表記になったのは，次の第7回アントワープ大会❸（1920年，ベルギー）からです。

❷旗手は選手団の先頭で，国旗を掲げる役割です。

❸第6回ベルリン大会（1916年，ドイツ）は第1次世界大戦のため中止になりました。

開会式と閉会式で国の名前が変わった？

アフリカ南部の北ローデシアは，1964年10月10日の第18回東京大会の開会式で行進したときは，まだイギリス領でした。20世紀にはアフリカの大部分がヨーロッパの国々の植民地でしたが，1960年代に多くの国々が独立を果たしていきました。

北ローデシアも，東京大会の閉会式があった10月24日に独立し，「ザンビア共和国」という名の国に生まれ変わりました。最後に入場する日本選手団の前に，ザンビア選手が新しい国名のプラカードを掲げて入場しました。

東京大会の閉会式で掲げられたザンビアのプラカード

ザンビアは周りを8つの国に囲まれた日本の約2倍の面積をもつ国で，アフリカで最も平和な国の1つともいわれているのじゃよ。

大会の途中で国名が変わったわけではありませんが，第31回リオデジャネイロ大会では，2011年にスーダンから分かれて生まれた南スーダンが，初めてオリンピックに参加しました。このころの南スーダンは，国内で争いが続き，公務員の給料も払えないほど財政が悪化していました。それでもスポーツ選手たちは，「南スーダンの国旗を掲げて開会式で行進することで，南スーダンという国を世界に知ってもらいたい」と強く希望しました。その熱意が伝わり，国際的な援助を受けた南スーダンの選手団は，リオデジャネイロ大会への参加を果たしたのです。

アフリカの地図。ザンビア共和国（青）と南スーダン共和国（赤）。

❶日本の国際協力機構（JICA）は，南スーダンの選手が出場資格を得るための国際試合への参加費や，リオデジャネイロへの旅費を支援しました。

ザンビアの国旗

南スーダンの国旗

開会式に時間をかけすぎ？

　過去最多となる**205の国・地域が参加した**第31回リオデジャネイロ大会の開会式では，先頭の**ギリシャ選手団**の入場から，開催国のブラジル選手団が入場し終わるまで，2時間近くかかりました。早く入場した国の選手のなかには，会場に座りこんでいる姿も見られました。

　第18回東京大会の開会式では，入場行進はたった**45分**でした。参加国・地域がまだ**93**で，種目も今より少なかったこともありますが，ちょうどよい長さだったといえます。近年は，歌や踊りなどの演出が数多く行われることで，開会式全体の時間も一段と長くなってきました。

　競技の日程が近い選手や，本番に備えてすでに合宿を行っている選手などは，開会式には出席しません。また，自分の競技が終わると，閉会式を待たずに帰国する選手も多数みられます。

冬季大会の場合は，選手が開会式の寒さで体調を崩すことも心配じゃのぉ。第23回平昌冬季大会（2018年，韓国）の開会式は屋根のないスタジアムで夜の8時に始まったのじゃが，トンガの旗手を務めた選手は，上半身はだかで行進していたぞ。うぅ～、寒そうじゃ，ぶるぶるっ！

平昌冬季大会開会式の日本選手団

平昌冬季大会開会式のトンガの旗手

五輪が四輪に !?

スタジアムに掲げられる五輪旗のデザインは「オリンピック・シンボル」[1]と呼ばれ，オリンピック憲章では次のように定められています。

> オリンピック・シンボルは，単色，または左から右へ青，黄，黒，緑，赤の5色で描かれた，重なり合った5つの同じ大きさの輪からなる。…これは5つの大陸の団結，さらにオリンピック競技大会に世界中から選手が集うことを表現している。

第22回ソチ冬季大会（2014年）は，**ロシアで初めての冬季大会**でした。その開会式では，高く掲げられた雪の結晶のオブジェが開いて五輪マークになる，という演出が予定されていました。しかし，機械の不調で右端の輪が開かず，残念なことに「四輪」に終わってしまいました。

閉会式では，人文字で五輪を表現しました。このときは右上の輪が一旦縮こまった状態で観客の笑いを誘い，まもなく輪を開いて五輪を完成させるという遊び心をみせました。

[1] クーベルタンが1914年に考えだしたデザインがもとになっています。第6回ベルリン大会から使われる予定でしたが，第一次世界大戦で中止になったため，**第7回アントワープ大会**で初めて使われました。

5大陸をあらわすオリンピック・シンボル

5つの色に地色の白を加えると，ほとんどの国の国旗の色が表せるのじゃよ。

ソチ冬季大会の開会式で「四輪」になったオリンピック・シンボル

少年の手紙がきっかけで閉会式がお祭りに⁉

　開会式の入場行進は整然と行われるのに，閉会式ではどうして各国の選手たちが入り交じって入場するのでしょう。

　それは1人の少年からの手紙がきっかけでした。1956年にオーストラリアで開かれた**第16回メルボルン大会**❷でのこと，大会中に地元の17歳の中国系の少年からオリンピック組織委員会に手紙が届きました。「私は閉会式では，戦争・政治・国籍などすべて忘れて，全員が1つの国になることを夢見ています。そのためには，すべての国の選手が1つのチームになって自由に歩く…」という文章とともに，色えんぴつで描かれた絵もありました。委員会はこの案を採用し，閉会式では旗手のみが整然と行進し，選手たちは入り交じって行進しました。

　各国の選手が入り混じって行進する形は，その後の大会にも引き継がれています。第18回東京大会でも選手はばらばらと入場し，和気あいあいと歩いていました。閉会式での自由な入場は，「競技での戦いが終われば，**勝者も敗者もなく，互いを称え合う**」というオリンピック精神を表しているといえましょう。

❷当時，オーストラリアでは海外から持ち込まれる動物に対する検査がきびしく，馬術を行うことが難しくなりました。そこでメルボルン大会の馬術競技だけは，スウェーデンのストックホルムで行われました。なお，2000年の第27回シドニー大会では，馬術を含む全競技がオーストラリアで行われました。

⑫ 鳩が焼けてしまった大会がある⁉

✹✹✹ 閉会式で引き継がれた五輪旗が次の開催都市へ ✹✹✹

　閉会式では，**フラッグハンドオーバーセレモニー**と呼ばれる，次の開催地の代表に五輪旗を引き継ぐセレモニーが行われます。第11回札幌冬季大会（1972年，日本）の閉会式では，次の開催地となるはずだったデンバー（アメリカ）へと引き継ぎが行われました。しかし，環境破壊などを理由にデンバーで反対運動が起こり，住民投票の結果，税金からオリンピックの費用を出すことができなくなりました。この結果，デンバーは大会を返上し，第12回冬季大会はインスブルック（1976年，オーストリア）で開かれました。

第31回リオデジャネイロ大会で東京へ引き継がれた五輪旗

第1章 オリンピックの歴史をのぞいてみよう

話したくなるランキング **13** 位

聖火リレーは宇宙でも行われた!?

開会式は聖火台への点火でクライマックスを迎えます。古代オリンピックの儀式だった聖火が、近代になって復活したのはなぜでしょう。

❶ プロメテウスという神が、ゼウスという神から火を盗んで人類に与えたと伝えられます。

❷ 日本語では「聖なる火」という意味ですが、英語では単に「オリンピックの火（Olympic Flame）」です。

❸ ドイツの敗戦後、1948年に行われた第14回ロンドン大会では、ナチ党の考え出した聖火リレーをどうするか議論になりましたが、感動的な演出だという意見がまさり、リレーは残されました。

聖火リレーの始まりはヒトラー時代のドイツ

古代オリンピックでは競技の間、**ギリシャ神話**❶にちなんで競技場に火が灯されていました。近代オリンピックでは**第9回アムステルダム大会**（1928年、オランダ）から競技場の塔に聖火が灯されるようになりました。

聖火❷がリレーされるようになったのは、**第11回ベルリン大会**（1936年、ドイツ）からです。古代と現代を聖なる火で結ぼうと、ドイツのスポーツ史家で、ベルリン大会の組織委員会の事務総長を務めた、カール・ディームによって考えられました。

古代オリンピック始まりの地であるギリシャの**オリンピア**で太陽光を集めて火を灯し、その後、7か国、約3,000キロメートルを通って、3,000人を超えるランナーがひとり1キロメートルずつ、ドイツのベルリンまで運び、聖火台に点火されました。

当時のドイツは、ヒトラーの率いるナチ党が政権を握り、「平和な社会をつくる」というオリンピックの目的からはかけ離れた国でしたが神聖な火がドイツにもたらされることで、ドイツが偉大な国であると世界に示そうとしたのではないかといわれます。❸

オリンピック憲章で聖火についての決まりができたのは、**第15回ヘルシンキ大会**（1952年、フィンランド）からです。

大会が終わったら聖火は消される!?

　IOCが定めた式典の段取りには、**閉会式での聖火**についても次のように定められています。

> オリンピック旗がポールからゆっくりと降ろされ、注意深く折りたたまれ、次の開催国への旗の引き渡し式が行われる。閉会式の終わりに、厳かなファンファーレが演奏されるなか、**聖火が消される**。

リオデジャネイロ大会の聖火採火式

　聖火は次の大会まで4年間保存しておくのではなく、**一旦消して、毎回ギリシャで火を起こしている**のです。ギリシャでの採火式では、大きな鏡で太陽光を集め、その熱でトーチに火が灯されます。

❹松明のことです。オリンピックの聖火のトーチは、燃料をしこんだバーナー式となっています。

暖炉で点火した聖火がある!?

　冬季大会では、1952年の**第6回オスロ大会（ノルウェー）**から聖火リレーが始まりましたが、このときは、**スキーの父**と呼ばれる**ソンドレ・ノルハイム**の生まれた家の暖炉から火を採りました。

　ノルハイムは、1825年にノルウェーの**テレマーク地方**に生まれ、スキーの名手であるとともに、スキー用具の開発にも力を注いだ人物です。このころからスキーは、ノルウェーの国民的スポーツとして発展してきました。夏季大会の競技が古代ギリシャで行われていたのと同じように、冬季大会の競技の歴史の始まりを大切に考えたのです。

　以後、**第8回スコーバレー冬季大会**（1960年、アメリカ）と、**第17回リレハンメル冬季大会**（1994年、ノルウェー）では、ノルハイムの家の暖炉で聖火が灯されました。それ以外の大会では、冬季大会でも**ギリシャで採火**されています。

❺スキー板にスキー靴のつま先だけを固定してかかとを浮かせる「テレマークスキー」の呼び名に、この地方名が残されています。

⑬ 聖火リレーは宇宙でも行われた!?

聖火が消えた!?

第22回ソチ冬季大会（2014年，ロシア）に向けて，聖火は4か月も前にギリシャで採火され，リレーが始まっていました。ロシアの首都**モスクワ**では，プーチン大統領らが出席して聖火リレーの開始が宣言されましたが，その直後に始まったリレーで聖火が消えるアクシデントが起こりました。

トーチの火が消えた場合，ランナーに同行している係員の種火から火をもらわなければなりません。しかし，このときはそばにいた男性が，なんと**ライターで点火**してしまったのです。しかし，次の走者からは規定どおり，種火からとった火で点火し直しました。

第18回長野冬季大会（1998年，日本）の聖火リレーでは，途中で**8回も聖火が消える**というアクシデントが起こってしまいました。これは，トーチをかたむけて走ると火が消えてしまうという不具合があったため，改良品がつくられました。

❶夜はリレーが行われません。その間，聖火は一旦消され，翌朝再び種火から点火されます。現代の人々は，トーチが変われば別の火と考えてしまいますが，古代の人々は火そのものが神聖なものであると考えていました。

ライターで火をつけなおしたソチ冬季大会の聖火

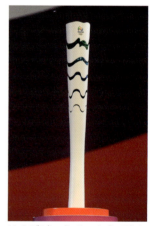
リオデジャネイロ大会で使われたトーチ

聖火がTwitter!?

第31回リオデジャネイロ大会（2016年，ブラジル）では，**聖火によるツイッター**が開かれ，ギリシャのオリンピア遺跡で巫女から第一走者へ聖火が引き継がれたとき，「I'm back!（帰ってきたよ！）」と聖火がつぶやきました。その後，1万2,000人のランナーが約3か月かけて300以上の都市を回り，その間，聖火はTwitterを発信し続けたのです。

途中，沿道からバケツの水や消火器で聖火を消そうとする妨害にも見舞われましたが，聖火は無事リオデジャネイロの開会式の会場にたどりつき，聖火台にその火を灯すことができました。

❷もともとは「ことりのさえずり」を意味する言葉で，「つぶやき」とも呼ばれます。短文のメッセージや画像などを投稿できるwebサービスのひとつ。

聖火リレーは海でも宇宙でも！

第27回シドニー大会（2000年，オーストラリア）では，グレートバリアリーフというさんご礁が広がる熱帯の海のなかを，トーチを持ったダイバーが潜って聖火を運びました。トーチにはマグネシウムや硝酸ナトリウムが仕込まれ，水中でも酸素がつくられて火が消えないように工夫されていたのです。

第22回ソチ冬季大会でも，聖火は水温約5度のバイカル湖の水中をとおりました。史上最長距離の聖火リレーとなったこの大会では，氷を砕いて進む船で北極点へ聖火を運び，氷の上でリレーや式典を行いました。北極点での聖火リレーは初めてのことです。

そして，ソチ冬季大会では，なんと，国際宇宙ステーション❸（ISS）で活動しているロシア人宇宙飛行士が，船外の宇宙空間でトーチを掲げるということもありました。

シドニー大会の海中での聖火リレー

❸船長は日本人の若田光一さんでした。なおこのとき，安全のためトーチに火は灯されませんでした。

> 宇宙空間での聖火リレーはもちろん初めてのことじゃ。この間，聖火リレーは陸上と宇宙の二手に分かれていたのじゃよ。

ロボットが聖火リレー！

ほかにも，第21回バンクーバー冬季大会（2010年，カナダ）では，サーファーが聖火を持って波乗りをしたり，カーリングの選手が聖火を持ちながらカーリングをしたりといった工夫がみられました。

第29回北京大会（2008年，中国）の聖火リレーは世界各地をまわり，世界最高峰の標高8,848メートルのチョモランマ（エベレスト山）の頂上まで運ばれました。

そして，平昌冬季大会（2018年，韓国）では，ついに，ロボットが聖火リレーに参加しました。身長約120センチメートルの人型ロボットで❹，左手にトーチを持ち，車輪を使って前に進みました。

平昌冬季大会で聖火ランナーを務めるロボット

❹人型ロボットは，今後，災害救助などでの活躍が期待されています。

東京大会で聖火台に向かう坂井義則

聖火台への点火あれこれ

　第18回東京大会（1964年，日本）で，聖火台への点火を任された最終ランナーは **19歳の坂井義則** でした。彼は早稲田大学競走部の1年生で，オリンピックの代表選考には漏れていました。無名のスポーツ選手が最終ランナーに選ばれたのにはどんな理由だったのでしょうか。それは，彼が **1945年8月6日に広島県で生まれた** からだといわれています。この日は，広島市に原子爆弾が投下された日です。そしてそれからまもなく，日本は戦争に破れ，償いと復興への道を歩み出したのでした。

　第25回バルセロナ大会（1992年，スペイン）では，最終ランナーをつとめた **アーチェリーのパラリンピック選手** が聖火台へ向けて火の灯る矢を放ち，点火を果たしました。このときは実際に聖火台のなかに矢が入ったのではなく，安全を考え，聖火台の上を矢が通ったらガスで引火するしくみになっていたといわれます。

　もはや，昔のように最終ランナーが聖火台にトーチを直接入れて点火するという光景は，ほとんど見られなくなりました。

　第20回トリノ冬季大会（2006年，イタリア）では，ステージに上った最終ランナーがアーチの形の点火装置に聖火を近づけると，同時にステージのまわりから火花が吹き出し，炎がスタジアムをまわり，**階段を通って聖火台** へ到着しました。聖火ランナーの運んできた火とは別の場所で燃え出した火のようにしか見えなかったため，疑問の声があがりました。

最後の演出は，種火を絶やさずリレーしてきたランナーたちの気持ちが伝わるものであって欲しいのぉ。

バルセロナ大会でのアーチェリーによる点火

トリノ冬季大会の聖火台

ギリシャでのオリンピックで聖火リレーはどうなった？

　第28回アテネ大会（2004年）は，ギリシャで開かれた2度目のオリンピックです。ギリシャといえば，第1回アテネ大会が開かれ，**オリンピア遺跡で聖火の火を採火する**，まさにその国です。第1回大会では聖火リレーはありませんでしたが，第28回大会は，オリンピア遺跡からアテネへ聖火を運ぶだけで終わったのでしょうか。

　いいえ，近代オリンピックが始まった地での記念大会ということで，聖火は**5大陸すべてをまわる**ことになりました。過去の夏季大会のすべての開催地を含む26か国をめぐり，ギリシャへ戻ってきました。聖火がアフリカ大陸と南アメリカ大陸をめぐったのは初めてのことでした。

　東京は，オーストラリアのシドニー，メルボルンに続いて3番目のリレーが行われた都市でした。聖火を運ぶ特別機で羽田空港についた聖火は，台場の東京ビッグサイトから東京都庁まで，第一走者を元プロ野球選手の長嶋一茂さんが務め，岩崎恭子さん，古賀稔彦さん，清水宏保さん，鈴木大地さんなどのオリンピック金メダリストのほか，最終ランナーとしてアテネ大会にも出場した卓球の**福原愛選手**など，**14歳から79歳まで，136人**のリレーによってつながれました。

❶オリンピア遺跡からアテネまで，車で5時間しかかかりません。

❷特別機には「ゼウス（神）」という愛称がついていました。

アテネ大会で使われたトーチ。平和の象徴であるオリーブの木をイメージしている。

天気が悪いときはどうやって聖火を起こすの？

　聖火の採火式では，**大きな鏡で太陽光を集めて**火を起こします。そのため，天気がよくないと採火できません。第23回平昌冬季大会へ向けて2017年に行われた採火式では，雨が降っていたため，採火できませんでした。そこで，あらかじめリハーサルで採火しておいた**予備の種火**が使われました。

　採火式は神聖な行事であるため，公開されずに行われます。

アテネ大会の聖火リレー，東京での最終ランナー福原愛選手

第1章 オリンピックの歴史をのぞいてみよう

話したくなるランキング **14**位

オリンピックには命がけの競技もある！

スピードを競ったり，高い所から飛んだりする競技では，選手は常に危険と背中合わせです。これまでにもいくつかの悲しい事故が起こっています。

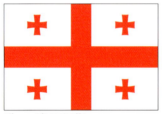

ジョージアの国旗

①黒海の東に位置し，1991年にロシアより独立。日本では2015年にグルジアからジョージアに読み方を変更しました。

🏅 オリンピックで選手が死んだことがある？

　競技を実施するに当たっては，もちろん，十分な安全が考慮されています。しかし，それでもときには悲しい事故が起こってしまうことがあります。オリンピックでの死亡事故は，夏季大会よりも，硬い氷や雪の上を高速で走る競技の多い冬季大会のほうが多く発生しています。

　第21回バンクーバー冬季大会（2010年，カナダ）の**リュージュ**競技の男子1人乗りの公式練習で，グルジア①（現在のジョージア）のノダル・クマリタシビリ選手がコース外へ飛び出し，鉄柱にぶつかって死亡しました。このときのコースはスピードの出やすい高速コースで，カーブも曲がりにくい形になっていました。事故が起こったときのスピードは時速140キロメートルを超えていたといわれます。

　リュージュでは，第9回インスブルック冬季大会（1964年，オーストリア）でも練習中にイギリスの選手が死亡しています。また，インスブルック大会では**アルペンスキー**の種目のなかでも，スピードの出やすい滑降で，練習中のオーストラリア選手がコースを飛び出し，木にぶつかって死亡する事故が起きています。

アルペンスキーの滑降（Wikimedia Commons）

決死のダイブで金メダル⁉

　アメリカの**グレッグ・ルガニス選手**は，第23回ロサンゼルス大会（1984年，アメリカ）で**3メートル飛板飛び込み，10メートル高飛び込み**で金メダルを取りました。

　次の第24回ソウル大会（1988年，韓国）でも2冠を目指し，飛板飛び込み予選に臨みました。ところが，踏切板からジャンプした直後，タイミングを誤り，後頭部を板にぶつけ，プールへ落下してしまいました。出血もあり意識が朦朧としているように見えたルガニス選手ですが，何とかもう一度チャレンジして予選を通過，決勝でも見事な演技を見せて，金メダルを手にしたのです。

　さらに10日後，頭部を5針縫って臨んだ高飛び込みでは，中国選手との決戦となりました。最後の試技を成功させた中国選手の合計得点を上回るためには，ルガニス選手には高難度の技を成功させることが必要とされました。

　そこでルガニス選手が選んだ演技は**後方3回宙がえり**。頭が踏切板ぎりぎりを通過する，「**死のダイブ**」と呼ばれる離れ業です。これを見事に成功させたルガニス選手は逆転で**2大会連続の2冠を達成**したのです。

オリンピックには命がけの競技もある！

✱✱✱ムキムキの陸上選手がトホホの負傷，その理由は？✱✱✱

　ドイツの**ロベルト・ハルティング選手**は，ユニフォームを引き裂いて勝利を喜ぶパフォーマンスで知られる円盤投げ選手です。第30回ロンドン大会（2012年，イギリス）では金メダルを取り，次の第31回リオデジャネイロ大会（2016年，ブラジル）での連覇を目指していました。しかし予選前に，**部屋の電気を足で消そう**としてベッドから足を伸ばしたとき，腰を痛めてしまいました。次の日の朝，腰はさらに悪化し，予選は9位に終わり決勝進出を逃しました。

ロベルト・ハルティング選手

第1章 オリンピックの歴史をのぞいてみよう

話したくなるランキング **15**位

古代オリンピックは1200年近く, 293回も続いた!?

近代オリンピックの歴史はわずか120年あまりです。その10倍近くも続いた古代オリンピックは,どのような大会で,なにを大切にしていたのでしょう。

①アテネの東にあり,聖火を採火するヘラ神殿などがあります。

②音楽・絵画・文学・彫刻・建築の5種目で,芸術競技が行われました。

🏅 平和思想

　古代のギリシャは統一された国ではなく,**1,000以上の小さな都市国家**に分かれて争いを続けていました。そこで,最高神であるゼウスの神殿がある**オリンピア**①で,ゼウスに捧げる競技の祭典が行われ,その前後3か月間は都市同士の戦争や,争いごと,武器を持つことなどが禁止されました。

　この祭典は**4年ごとの夏**に行われ,これが古代オリンピックの始まりとなりました。第1回大会は**紀元前776年**に開かれ,スポーツのほか音楽・文学などが競技として行われました②。いずれも,当時は宗教的な意味をもつ催しでした。

　オリンピックの間の停戦は,ギリシャ語で「**エケケイリア（聖なる休戦）**」と呼ばれ,オリンピックに出場する選手や観客が,オリンピアへ安全に行き来することができるようにする目的もありました。

　近代オリンピックでも,この平和思想が受け継がれています。1993年には国際連合が初めて,オリンピック期間中の停戦を求める「**オリンピック停戦**」を決議しました。その後もオリンピックのたびに決議され,ユーゴスラビア・イラクなどの紛争地域に停戦を呼びかけてきました。

はだかで競技⁉ 不正の防止

⑮ 古代オリンピックは1200年近く、293回も続いた⁉

初期の古代オリンピックは1日で終わっていましたが，のちに**5日間**になりました。競技に参加できるのは**ギリシャ人の男性のみ**で，しかも罪を犯していない，神を冒瀆する行いをしていない❸などの条件がありました。そして，代表に選ばれると10か月の特訓を受け，30日間の合宿の成績を認められた人だけが，オリンピックに参加できました。

選手たちは，なんと**はだかで競技**を行いました❹。これは，スパルタという都市国家の選手が，はだかで競技を行って優勝したことをきっかけに，すべての選手がなにも身につけないようになったと伝えられます。また，女性が男装してコーチとして競技場に入ってきたことがあったため，それがわかってからは**コーチにも全裸**が義務づけられました。

はだかで競技をすることには，「**神の前で隠し事はない**」という気持ちを表す意味もあります。オリンピックは神に捧げる祭典であるため，お金で勝利を買うなどの不正が行われた場合は，罰金が科せられました。また，競技で反則をした選手には，**むち打ちの罰**が科せられました。

女性はオリンピックへの参加は許されず，観戦することもできませんでした。そのかわり，オリンピックの中間の年に，4年に一度ゼウスの妻であるヘラに捧げる祭典である「**ヘライア祭**」が行われました。この大会のただ1つの競技が短距離走でしたが，参加できたのは，**結婚していない女性だけ**で，年齢により3階級に分かれていました。

❸ 神聖なものを犯し，汚すこと。

❹ 競技に臨む選手たちは，肌にオリーブオイルを塗り，体を美しく見せました。

■**古代オリンピックのスケジュール**■

1日目	・神殿への行進。ゼウスにいけにえを捧げる ・少年の部（12～18歳）の競技
2日目	・競技
3日目	・ゼウスにいけにえを捧げる　・競技
4日目	・競技
5日目	・優勝者を称える式典

オリンピアのゼウス神殿
（Wikimedia Commons）

オリーブ

①オリンピックが終わると，冠は再びゼウスの神殿におさめられました。

②巨漢で力の強い神です。

勝者を称えよう！

　古代オリンピック5日目の**優勝者を称える式典**では，ゼウスの神殿に金と象牙でできたテーブル，オリーブでつくられた冠が用意されます。オリーブは，**ヘラクレス**が植えたと伝えられる神聖な木で，平和の象徴です。競技の勝者はゼウス像の前で名前を呼ばれ，オリーブの冠を頭に戴せられます。また，大会後には神殿に選手の像が飾られました。ゼウス神と同じ場に像が置かれるということは，たいへんな名誉なことでした。

　オリンピックでもらえる賞品は冠のみですが，故郷に帰ると石碑に名前が刻まれ，多額の賞金が贈られました。オリンピックで勝利した選手は，故郷で年金を与えられたり，税金を払わなくてもよいなど，**英雄**として扱われました。政治家になる人もいたということです。また，強い選手は各地の競技会に誘われて，賞金を稼ぐこともできました。

　しかし一方で，富や栄誉を手に入れるため，オリンピックでの勝利をお金で買うなどの，さまざまな不正も行われていきました。

■古代オリンピックのおもな競技（少年競技を除く）■

陸上	スタディオン走	1スタディオン（約192メートル）を走る	格闘技	レスリング	立った姿勢から組み合い，相手の体の一部を地面につけ，3回相手を地面につけると勝ち
	ディアウロス走	1スタディオンを1往復する		ボクシング	拳で殴り合い，相手をノックダウン，あるいは相手の戦意を失わせると勝ち
	ドリコス走	1スタディオンを10往復する		パンクラチオン	目つぶし・かみつき以外の打撃・関節技が認められた総合的な格闘技
馬術・戦車	競馬	1周6スタディオンのコースを馬に乗って6周する	その他	五種競技（ペンタスロン）	スタディオン走・幅跳び・円盤投げ・やり投げ・レスリングのうち3種目以上に勝った者が優勝となる
	4頭立て戦車競走	4頭の馬が引く戦車でコースを12周する			
	2頭立て戦車競走	2頭の馬が引く戦車でコースを8周する			
	ラバ戦車競走	ラバに戦車を引かせて競走する		ラッパ手競技	ラッパを吹いて遠くの場所に正確に情報を伝える
	牝馬競走	雌の馬に戦車を引かせて競走する		触れ役競技	大声で遠くの場所に正確に情報を伝える

壮絶だった格闘技

　第1回古代オリンピックで行われた種目は、スタディオン走のみでした。その後次第に種目の数が増えていき、23種目が行われました。そのうち、近代オリンピックまで受け継がれているのは**レスリング**と**ボクシング**のみです。

　ボクシングは、体重別階級分けがない、リングでなく土の上で戦う、ラウンドがないなどの点が、現在の競技と異なります。最初は雄の牛の皮からつくったひもを拳に巻きつけたやわらかいグローブを使っていましたが、のちに硬い皮を拳から腕まで巻きつけたグローブにかわりました。ローマ帝国の支配下では、グローブに鉄などの金属が仕込まれ、より危険な競技となりました。

　レスリングも円形のマットではなく、砂の上で行われました。ボクシングと同様に、今のような体重別階級分けやラウンドもありませんでしたが、格闘技のなかではいちばん競技性が高く、人気のスポーツでした。神話のヘラクレスもレスリングの王者だったといわれています。

古代オリンピックは1200年近く、293回も続いた!?

古代オリンピックにはマラソンはなかったのじゃよ。

★★★皇帝のオリンピック参加★★★

　紀元前1世紀に成立したローマ帝国は、地中海周辺の広い地域を支配するようになり、ギリシャ人がオリンピックを開くことも引き続き認めました。参加選手はローマ帝国の支配地から広く集まるようになり、皇帝自身も競技に参加することがありました。キリスト教徒を迫害するなど暴君として知られる**皇帝ネロ**は、ギリシャへ旅行したとき、2年前に終わったオリンピックを無理やり開催させ、多数の競技に自ら参加し、優勝を重ねました。戦車競走では途中で落馬したにもかかわらず、終わってみるとなぜか優勝となりました。後にこの大会は、オリンピックの汚点として記録から消されました。

死の競技⁉ パンクラチオン

パンクラチオンは，時間無制限で，**目つぶし**と**かみつき**以外の打撃・関節技を含むすべての攻撃を組み合わせた，格闘競技です。つまり，ボクシングとレスリングの技にキックまで加えた攻撃ができます。この競技も体重別階級分けはありませんでした。そして，相手が「まいった！」と降参の仕草をするまで戦い続けるのです。しかし，選手は命がけで試合に臨んでいたため，「まいった」ことを認めず，骨折したり，死んでしまったりすることもありました。

パンクラチオンは，紀元前648年に古代オリンピックに初めて取り入れられましたが，それまでの格闘技より見ごたえがあったため，熱狂的な声援が送られたといいます。

古代オリンピックには，日が沈むまでに競技を終わらせるという規定がありました。そのため，日が沈むまでに試合が終わらなければ，1発ずつ相手の顔を殴ることで勝敗を決めたといいます。このとき，**相手のパンチを避けてはならない**という決まりがありました。

❶同じような競技は現在，「**総合格闘技**」として，アメリカを中心に人気を集めています。第28回アテネ大会（2004年）では，ギリシャでの大会を記念してパンクラチオンを復活させようという動きがありましたが，採用されませんでした。

古代のパンクラチオンの様子

パンクラチオンは競技というよりも，兵士が戦場で戦う実戦的な技術として発達したといえるのぉ。死者が多く出たため，ある時期からは，選手の命が危険だと審判が考えた場合には，試合を止めることができるようになったそうじゃよ。現在のレフェリー・ストップじゃな。

紀元後392年，ローマ帝国が**キリスト教**を公認すると，オリンピアの神々を信仰することは許されなくなり，はだかで行うオリンピックの競技もキリスト教の教えにそぐわないとされ，翌年の第293回大会を最後に古代オリンピックは歴史を閉じました。

戦車で競走 !?

　戦車で競争するというと，大砲を備えた戦車が並んで走り回る様子を想像するかもしれませんね。しかし，古代オリンピックの戦車競争は，2頭または4頭の馬に引かせた2輪車での競争でした。

　馬を横に並べて48スタディオン(約9,200メートル)の距離を走る戦車競走は，曲がり角では馬車同士がぶつかることも多く，たいへん迫力のある競技だったといいます。数十台の戦車がいっせいにスタートを切り，多くの戦車がぶつかった結果，たった1台しかゴールできないこともあったそうです。

　そのうえ，勝利の栄冠を受けるのは御者ではなく，**戦車と馬を所有する人**でした。戦車競走に参加するには，馬を飼育し広場で練習させたり，馬の世話をする人，御者を雇ったりするためにお金がかかります。そのため，身分の高いお金持ちが馬主となっていました。現在の競馬や，スポーツカーのF1レースでも似たようなところがあります。紀元前4世紀のマケドニアの王**フィリッポス2世**や，紀元後1世紀のローマ帝国の**ティベリウス皇帝**も，馬主としてオリンピックで優勝しています。

❷ 野球場やサッカー場など，観客席のある競技場をスタジアムというのは，スタディオンが語源です。

❸ 馬を操る乗り手。ほかの競技とは違い，馬の乗り手は服を着ていました。

❹ 現在の競馬やF1レースでは，騎手やレーサーにも大きな栄誉が与えられます。

⓯ 古代オリンピックは1200年近く，293回も続いた!?

古代ギリシアの戦車と御者 (Wikimedia Commons)

つぼに描かれた4頭立ての古代の戦車 (Wikimedia Commons)

第1章 オリンピックの歴史をのぞいてみよう

話したくなるランキング **16**位

最年長メダリストは72歳！

先進国を中心に平均寿命が長くなってきていますが，スポーツの世界でも選手の寿命が長くなっています。年をとっても第一線で活躍できる選手には，どのような秘密があるのでしょう。

① 100メートル先で左右に動く的をライフル銃で撃ち，得点を競う競技です。ランニング・ディアともいわれます。

② 芸術競技を除きます。

ストックホルム大会でのスバーン選手

経験がものをいう？射撃競技

第4回ロンドン大会（1908年，イギリス）の射撃競技で，**ジョシュア・ミルナー選手**（イギリス）がフリーライフルの種目で優勝しました。このときミルナー選手は **61歳** で，**個人種目**の金メダリストとして，今でも**最年長の記録**です。

このロンドン大会の同じ射撃競技で，鹿追いシングルショット[①]という種目の個人・団体で金メダルを取ったのは，スウェーデンの**オスカー・スバーン選手**でしたが，スバーン選手はミルナー選手より1歳年下の60歳でした。そして，スバーン選手は次の第5回ストックホルム大会（1912年，スウェーデン）にも **64歳** で出場し，鹿追いシングルショット団体で優勝しました。これは個人・団体も含めた**最年長金メダル記録**となっています。

一方で鹿追いシングルショット個人は4位に終わり，連覇はできませんでした。このとき優勝したのは，一緒に出場していたスバーン選手の息子のアルフレッド選手でした。

スバーン選手はさらに，第7回アントワープ大会（1920年，ベルギー）でも鹿追いダブルショット団体で**銀メダル**を取りました。**72歳** のときです。これが今のところ，近代オリンピックでは**最年長メダル記録**[②]です。

日本の最年長メダリストは？

日本では，やはり射撃競技で，第23回ロサンゼルス大会（1984年，アメリカ）で金メダルを取った，蒲池猛夫選手の48歳が最年長記録です。種目はラピッドファイアピストル部門で，このとき蒲池選手には孫もいました。蒲池選手はたいへんな才能をもつ選手で，過去に第21回モントリオール大会（1976年，カナダ）などにも出場し，メダル候補といわれましたが，満足な成績を残せずに一旦引退しました。しかし，その後，コーチの求めに応じて現役に復帰，4度目のオリンピックでの金メダルでした。やはり，射撃には経験も大切なのかもしれませんね。

❸ 25メートル先に固定された5個の円形の標的に向けて，ピストルを撃って得点を競う競技です。

最年長メダリストは72歳！

 ## 日本の最年長オリンピック出場選手は？

馬術の法華津寛選手は，23歳のときに，第18回東京大会（1964年，日本）で，馬術の障害飛越種目で出場しました。その後，長く競技を離れていましたが，仕事を定年となった後，再びトレーニングを始め，第29回北京大会（2008年，中国）で44年ぶりに復帰しました。この大会では，馬場馬術という，馬とひとが一体となり，運動の正確さや美しさを競う種目に出場しました。この東京大会から北京大会までの44年というブランクは，日本最長記録となっています。

さらに次の第30回ロンドン大会（2012年，イギリス）にも出場します。このときの71歳は，日本人のオリンピック出場選手の最年長記録です。

第31回リオデジャネイロ大会（2016年，ブラジル）でも出場を目指していましたが，ペアを組んできた馬が体調を崩したため，馬の体調を第一に考え，出場を辞退しました。

年長記録の第2位の選手もオーストリアの馬術競技の選手ですから，馬術競技は年齢を重ねても活躍できる競技といえますね。

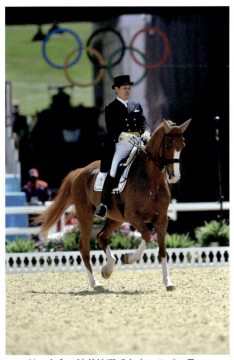

ロンドン大会の法華津選手とウィスパー号

レジェンドと呼ばれた「KAMIKAZE」

スキージャンプの葛西紀明選手が最初にオリンピックへ出場したのは、第16回アルベールビル冬季大会（1992年、フランス）で、19歳のときでした。このときの成績は振るいませんでしたが、2年後の第17回リレハンメル冬季大会（1994年、ノルウェー）ではラージヒル団体の一員として銀メダルをとりました。

その後、第23回平昌冬季大会（2018年、韓国）まで8度のオリンピック出場を果たしました。これは冬季大会の出場最多記録です。葛西選手のすごいところは、ジャンプ選手の全盛期である20歳代よりも、ほかの選手が引退していく30歳代、40歳代になってめざましい成績を残している点です。今でも体をいじめぬくトレーニングを続けており、垂直跳びなどを測ってみても20歳代のころの数値とほとんど変わらないそうです。リレハンメル大会から20年後、41歳で臨んだ第22回ソチ冬季大会（2014年、ロシア）では、ラージヒル個人で銀メダルに輝きました。

体が深く前傾するダイナミックなフォームの葛西選手は、スキーの本場であるヨーロッパでは「KAMIKAZE・Kasai」と呼ばれて人気を集めてきました。2016年、ワールドカップでの出場試合数がジャンプ競技個人で史上初めて500試合を数えたスロベニアでの試合では、「500番」のゼッケンをつけてジャンプし、大歓声を受けました。

若いころにライバルだった選手の多くは、すでにコーチとなっていますが、40歳を超えても第一線で競技を続けてきた葛西選手は、ヨーロッパでは「レジェンド（伝説的な人）」と呼ばれるようになりました。

❶飛行距離と飛形・着地の美しさを競う競技です。ジャンプ台はノーマルヒル、ラージヒル、フライングヒルの順に大きくなります（フライングヒルはオリンピック種目にはありません）。

❷日本の独走状態でむかえた最後の選手、原田雅彦選手のジャンプが大失敗に終わり、日本チームは銀メダルに終わりました。

あの子はだれ⁉ 消えた最年少メダリスト

　第2回パリ大会（1900年，フランス）でのことです。ボート競技で今では考えられない出来事がありました。決勝に進んだオランダチームがスタートの直前になって，コックス（舵手）のコンディションに問題があることに気づき，**通りがかりの子ども**に，コックス役を頼んだというのです。それだけでも驚きですが，そのチームはなんと，見事優勝したそうです。この頃はまだ運営がしっかりしていなかったため，こんなことも起こったのです。残念ながらその子どもは，競技が終わると名前も年齢を聞く間もなく帰ってしまったそうで，**7〜10歳くらい**の少年で，**フランス人らしい**としかわかっていません。前もってエントリーした選手のみが競技に参加するようになったのは，第4回ロンドン大会からです。初期のオリンピックではこんな飛び入り参加も見られたのです。

❸先頭にすわって号令をかける役です。

記録に残る最年少メダリスト

　正式にエントリーした選手のなかでは，第17回リレハンメル冬季大会のスピードスケート・ショートトラック女子3000メートルリレーで優勝した韓国チームのメンバー，キム・ユンミの**13歳85日**が世界最年少記録です。

　日本人では，第25回バルセロナ大会（1992年，スペイン）の女子平泳ぎ200メートルで，**14歳と6日**の**岩崎恭子選手**が**金メダル**をとったのが最年少記録です。岩崎選手のベストタイムは，この年の世界ランク12位にすぎず，当時の世界記録保持者のアニタ・ノール選手にとってはノーマークの相手でした。また，岩崎選手も，隣のレーンを泳いでいた選手が世界記録をもつ選手であることを知らなかったそうです。

　日本人の男子では，第10回ロサンゼルス大会（1932年，アメリカ）の水泳1,500メートル自由形での**北村久寿雄選手**の**14歳と309日**が最年少です。これは男子の個人種目における金メダルの，世界最年少記録として今も残っています。

❹個人種目に限れば，第11回ベルリン大会（1936年，ドイツ）の女子3メートル飛板飛び込み競技で優勝したマージョリー・ゲストリング選手の13歳と268日が世界最年少記録です。

バルセロナ大会で金メダルをとった岩崎選手

同じ才能にめぐまれた双子の選手たち

第14回サラエボ冬季大会（1984年，ユーゴスラビア）[1]のアルペンスキーの回転で，アメリカの**フィル（フィリップ）・メーア選手**が金メダル，**スティーブ・メーア選手**が銀メダルに輝きました。この2人，写真を見てもわかるように双子です。双子が金銀のメダルを分け合ったのはオリンピック史上，この一度だけです。

① 現在のボスニア・ヘルツェゴビナ。共産圏で冬季オリンピックが開かれたのはこれが初めてです。

フィルとスティーブのメーア兄弟

> この2人，そっくりじゃのぉ。あまりに似ていたため，この大会直前のワールドカップで，コーチが間違えてゼッケンを渡してしまい，2人とも失格になるという事件が起こってしまったくらいなのじゃ。1位，2位でゴールしていたのに残念なことじゃ。

日本で初めて双子がそろってオリンピックに出場したのは，第23回ロサンゼルス大会（1984年，アメリカ）のマラソンの**宗茂選手・宗猛選手**です。

レスリングの**湯元健一選手**と**湯元進一選手**は，日本で初めての双子メダリスト兄弟です。第29回北京大会には進一選手は出場していませんが，健一選手がフリースタイル60キロ級でメダルを獲得[2]，第30回ロンドン大会（2012年，イギリス）には，2人で出場し，進一選手がフリースタイル55キロ級で**銅メダル**を獲得しています。

② 当時は銅メダルでしたが，9年後の2017年，銀メダルの選手のドーピング違反が発覚し，健一選手が銀メダルに繰り上がりました。

冬季大会のスキー・ノルディック複合では，**荻原健司選手**と**荻原次晴選手**が，めざましい活躍をしました。とくに荻原健司選手は，第16回アルベールビル冬季大会（1992年，フランス）と次の第17回リレハンメル冬季大会（1994年，ノルウェー）で，ともに**団体金メダル**に輝いています。

> 第31回リオデジャネイロ大会（2016年，ブラジル）では，ヨーロッパの北東部の国，エストニア共和国の三つ子の姉妹が女子マラソンに出場して話題となったのぉ。

国籍を変える選手たち

1990年代頃から、オリンピックなどの大会に出場するために国籍を変える選手が増えてきました。たとえば、卓球では、中国には強い選手が多く、オリンピック代表に選ばれるのが難しいため、卓球を強化したいほかの国の国籍に変えて出場を目指すことが多くあります。そのため、第31回リオデジャネイロ大会では、団体で中国につづく銀メダルの**ドイツ女子チーム**では3人中2人が中国から、また、3位決定戦で日本と戦った**シンガポール女子チーム**では全員が中国から国籍を変えた選手でした。❸

陸上でも国籍を変える例が多く見られます。キューバ出身の陸上女子三段跳びの**ヤミレ・アルダマ選手**は、第27回シドニー大会（2000年、オーストラリア）では**キューバ**代表でしたが、第28回アテネ大会（2004年、ギリシャ）・第29回北京大会では**スーダン**代表、第30回ロンドン大会では**イギリス**代表として出場しています。

> 国籍を変えた選手の扱いが、自国の選手より優遇されることに不満の声があがったり、国籍を変えた選手が引退後には母国へ帰ってしまったりする問題も起こっているため、国籍を変えてから一定の期間、国際大会に出場できないなどの制限を設ける競技もあらわれているぞ。

戦争などで他の国へやむを得ず逃れた人々が、その国の国籍を取ってオリンピックに出場する例も見られます。一方で、移住先の国籍を取れないため、難民として暮らしている選手たちもいます。❹ そんな選手達が、第31回リオデジャネイロ大会では初めて選手団をつくり、難民選手団として出場しました。**シリア・エチオピア・南スーダン**などの、母国を逃れ、ヨーロッパなどで暮らす選手たちです。母国のオリンピック委員会の推薦をもとにIOCが10人の代表を選出し、交通費などの費用はIOCが負担しました。

❸この試合は、日本が3対1で勝利し、銅メダルを獲得しました。

❹民族・宗教・政治などさまざまな理由による迫害や、紛争から国内外に避難している人々のことです。

リオデジャネイロ大会の開会式で入場する難民選手団

⑯ 最年長メダリストは72歳！

第1章 オリンピックの歴史をのぞいてみよう

話したくなるランキング **17**位

2つの金メダルを取り上げられた選手がいる!?

オリンピック選手が企業と契約したり，テレビCMに出たりすることは，今ではふつうのことに思えます。しかし，昔はそのようなことは厳しく制限されていました。

🏅 オリンピックに参加できるのはアマチュアだけだった！

❶第3回セントルイス大会（1904年，アメリカ）から取り入れられた種目で，100メートル走・走幅跳び・砲丸投げ・走高跳び・400メートル走・110メートルハードル走・円盤投げ・棒高跳び・やり投げ・1500メートル走を行い，合計得点を競います。

❷走幅跳び・円盤投げ・200メートル走・1500メートル走・やり投げの5種目で，ストックホルム大会など3大会で行われました。

❸近代オリンピックの復活にあたり，クーベルタンが示した条件の1つです。

　アメリカの**ジム・ソープ選手**は，もともと大学フットボールの選手でしたが，第5回ストックホルム大会（1912年，ノルウェー）へ向けて本格的な陸上の練習を始めると，見事代表に選ばれ，4種目に出場しました。このうち，**十種競技**❶と**五種競技**❷では圧倒的な力をみせて**金メダル**を取りました。

　ところが，大会が終わってから6か月以上もたった翌年，ソープ選手は「お金が目的で競技をするプロ選手は，オリンピックに参加してはいけない」という**アマチュア規定**❸に反したとして，金メダルを取り上げられてしまいました。大学フットボールで活躍する一方で，過去に野球のマイナーリーグの球団と契約し，お金を受けとっていたと，新聞に報道されたのです。大学生が学費を稼ぐためにアルバイトをすることはふつうのことで，ソープ選手も規定のことを知らなかったと弁明しましたが，認められませんでした。

　メダルは残念なことになりましたが，ソープ選手にはさっそく**大リーグ**から誘いがきて，ニューヨーク・ジャイアンツの外野手として活躍したのち，プロとして，アメリカンフットボールやバスケットボールのチームにも所属しました。

プロでも参加できるように！

　IOCの5代会長エイベリー・ブランデージは，第5回ストックホルム大会の十種競技・五種競技でソープ選手に破れた元陸上選手で，ソープ選手の名誉回復を最後まで認めませんでした。

　1974年になると，IOCの第6代会長マイケル・モリス・キラニン卿がアマチュアに限定する参加資格を廃止し，さらに第7代会長ファン・アントニオ・サマランチによってプロ選手のオリンピックへの参加の道が開かれていきました。ソープ選手は1953年に亡くなりますが，**1982年**になってサマランチによってようやく復権が認められ，翌年，ソープ選手の娘に**2つの金メダルが返還**されました。

　第23回ロサンゼルス大会では，組織委員会のユベロス会長がマスコットを賞品化したり，聖火リレーへの参加料を1キロメートル3,000ドルで売るなどして，オリンピックを黒字化しました。

　1988年に開かれた第24回ソウル大会（1988年，韓国）では，**テニス**が64年ぶりに正式競技に復活し，プロの四大大会❹を制していた**シュテフィ・グラフ選手**（西ドイツ，現在のドイツ）が金メダルを取りました。

　第25回バルセロナ大会（1992年，スペイン）では，アマとプロの壁が本格的に取り払われ，とくに**バスケットボール**は「**競技が生まれて100年**」という記念の年だったこともあり，アメリカはプロ選手によるドリームチームを結成して大会に臨みました。**マイケル・ジョーダン選手**，**マジック・ジョンソン選手**を始めとするNBA（北米プロバスケットボール）のスター選手が集まり，8戦全勝，しかも**1試合平均117得点**をあげる圧勝で金メダルを取りました。

❹全豪・全仏・ウィンブルドン・全米の4つの大会です。

バルセロナ大会のバスケットボールのアメリカチーム

✻✻✻ 大会の盛り上げ役，公式マスコット ✻✻✻

　オリンピックで初めて登場した公式マスコットは，第20回ミュンヘン大会の「**バルディ**」です。ドイツで生まれた犬種である**ダックスフント**がモデルです。マスコットの多くは，開催国で有名な動物や伝説をもとにつくられます。

ミュンヘン大会マスコットのバルディ

第1章 オリンピックの歴史をのぞいてみよう

話したくなるランキング **18**位

出場した全員がメダルをもらえた!?

今でも実力が偏った競技の表彰式では，同じ国の国旗が並ぶことがあります。近代オリンピックの初めのころの大会では，もっと極端だったようです。

アメリカ合衆国の国旗。赤白の13本の線は独立当時の13州をあらわしています。

① フェザー級で優勝後，約2週間ではげしい減量を行い，バンタム級の試合に臨みました。カーク選手は，ボクシングにおいて同じ大会の別の階級でどちらも金メダルをとったただひとりの選手です。

🥉 アメリカで行われたアメリカのための大会？

　第3回セントルイス大会（1904年，アメリカ）は，北アメリカ大陸で開かれた初めてのオリンピックでした。しかし，セントルイスはアメリカのほぼ中央に位置し，ヨーロッパからは遠く離れているため，参加国はたった13か国にとどまり，約650人の参加者のうち，約85%がアメリカ人でした。とくに，オリンピックで初めて行われたボクシングは体重別に7階級に分かれていましたが，**参加選手すべてがアメリカ人**でした。つまり，すべてのメダルをアメリカ人が独占したことになります。そのうち2階級で金メダルを取った**オリバー・カーク選手**は，どちらもたった1試合戦っただけでした。①また，この頃は男子のみの種目だった**水球**でも，出場したのは，アメリカ各地から集まった3チームだけで，ニューヨークのチームが優勝しています。次にアメリカが水球で金メダルを取るのは，**100年以上あと**の第30回ロンドン大会（2012年，イギリス）で，しかもそれは女子のチームでした。

　結局セントルイス大会では，96個の金メダルのうちアメリカが**78個**を取りました。オリンピック開催国は選手の強化に力を入れるため，メダルの獲得数が増えるとはいえ，この大会のアメリカは極端でした。

試合前からメダル確定⁉

アメリカで行われた2度目のオリンピックである第10回ロサンゼルス大会（1932年）でも、ヨーロッパで行われた第9回アムステルダム大会（1928年、オランダ）と比べると参加国が減りました。この大会では男子ホッケーと男子水球に日本代表チームが出場しています。この2つの競技が、オリンピックで日本が**初めて参加した団体競技**です。

ホッケー競技の参加国は、開催地アメリカのほか、インド、日本の3か国のみだったため、試合前からメダルの獲得は確定していました。3か国でリーグ戦を行い全勝のインドが金メダル、日本は開催国の意地でかかってきたアメリカを破り、銀メダルを獲得しました。そして、アメリカは全敗でしたが銅メダルでした。

第4回ロンドン大会（1908年、イギリス）では、**モーターボート競技**が3種目で行われましたが、この競技も出場したのはイギリスとフランスだけで、どの種目でも、レース前からメダルが確定していました。

第2回パリ大会（1900年、フランス）から5大会だけ行われた**綱ひき**でも、第3回セントルイス大会はアメリカが金・銀・銅メダルを独占、ロンドン大会ではイギリスが金・銀・銅メダルと、どちらも開催国がメダルを独占しました。冬季大会では、第1回シャモニー・モンブラン冬季大会（1924年、フランス）の**男子カーリング**の出場チームはイギリス・スウェーデン・フランスのみでした。これも、たった3試合からなるリーグ戦を戦い、イギリスが優勝しました。

❷先の曲がったスティックと呼ばれる棒で球を相手チームのゴールに入れた数を競うチーム競技です。漢字では杖球とあらわします。サッカーと同じ、ゴールキーパーを含む1チーム11人でプレーします。

❸現在は多くの団体種目で、1国につき1チームしか出場できない制度になっているので、このようなことは起きません。また、個人種目でも、1国につき代表は2人まで、3人までといった制限が設けられています。

✦✦✦ 世界新記録を出したのに銅メダル⁉ ✦✦✦

第23回平昌冬季大会（2018年、韓国）では、女子スケート競技のショートトラック3000メートルリレーの5〜8位決定戦で、オランダチームが**世界新記録**を出して5位を確定しました。ところが、その後行われた1〜4位決定戦でカナダと中国が失格となったため、オランダが3位に繰り上がりました。1位と2位のチームの記録がオランダを下回ったため、銅メダルのチームが金・銀メダルのチームの記録を上回るという珍しい結果になりました。

⑱ 出場した全員がメダルをもらえた⁉

表彰台を独占した日本選手たち

競技によっては，１つの国が極端に強い時期が生まれます。日本が192人の大選手団を送り込んだ第10回ロサンゼルス大会では，**男子競泳**の６種目のうち５種目で日本選手が金メダルを獲得しています。とくに男子**100メートル背泳ぎ**では，金・銀・銅メダルを独占しました。

また，戦後の**男子体操**では，第16回メルボルン大会（1956年，オーストラリア）から第21回モントリオール大会（1976年，カナダ）までの６大会で日本が獲得したメダルの数は，**合計で67個**[1]にものぼりました。なかでも，第20回ミュンヘン大会（1972年，西ドイツ，現在のドイツ）では，**個人総合，平行棒，鉄棒**の３種目で日本選手が表彰台を独占しました。

[1] その内訳は，金メダル24個，銀メダル22個，銅メダル21個です。

[2] 加藤選手の獲得した８個の金メダルは，今でも金メダルの日本最多記録です。

●ミュンヘン大会の日本男子体操のメダリスト

個人総合：金；加藤沢男選手[2]，銀；監物永三選手，
　　　　　銅；中山彰規選手

平 行 棒：金；加藤沢男選手，銀；笠松茂選手，
　　　　　銅；監物永三選手

鉄　　棒：金；塚原光男選手，銀；加藤沢男選手，
　　　　　銅；笠松茂選手

アジアで初めての冬季大会である，第11回札幌冬季大会（1972年，日本），スキージャンプ70メートル級では，**笠谷幸生選手**が84メートルの最長不倒距離を飛んで，日本選手では冬季大会初となる金メダルをもたらしました。同時に**金野昭次選手**も銀メダル，**青地清二選手**も銅メダルを取り，日本が表彰台を独占し，３選手は「**日の丸飛行隊**」と呼ばれ，称えられました。その後も日本は，スキージャンプではアジア最強国として，ノルウェー・ドイツ・スロベニアなどのヨーロッパ勢の好敵手となっています。

「日の丸飛行隊」と呼ばれた３選手

卓球は中国大会!?

卓球は，ソウル大会（1988年，韓国）で正式競技となって以来，第31回リオデジャネイロ大会（2016年，ブラジル）まで，金メダル32個のうち28個を中国が占めてきました。第29回北京大会（2008年，中国）の卓球シングルスでは，開催国である中国が男女ともに金・銀・銅メダルを独占しました。

スキージャンプでは選手個人の得点を比べてメダルが決まりますが，卓球のように対戦形式でメダルの決まる競技では，決勝戦が同じ国の選手同士になると盛り上がりに欠けるものになるおそれがあります。そこで第30回ロンドン大会からは，1国がメダルを独占するのを防ぐため，男女シングルスの国ごとの出場枠が3人から2人に減らされました。

表彰台独占はほかにも！

第30回ロンドン大会の陸上男子200メートルでは，ジャマイカのウサイン・ボルト選手の2大会連続金メダル獲得の話題で盛り上がりましたが，このレースでは2位・3位もジャマイカの選手でした。陸上のトラック競技ではこれまで，アメリカやフィンランド，ケニアなどの国々の選手が，表彰台を独占しています。

2014年の第22回ソチ冬季大会（2014年，ロシア）になると，メダル集中の傾向がさらに強くなりました。スピードスケート男子500メートル，男子5,000メートル，男子10,000メートル，女子1,500メートルで，オランダが金・銀・銅メダルを独占したのです。

このうち，男子500メートルのミシェル・ムルダー選手（金）とロナルト・ムルダー選手（銅）は双子で，メーア兄弟以来30年ぶりの双子メダリストとなりました。

ソチ冬季大会では，フリースタイルスキーやクロスカントリーの種目で，フランスやアメリカ，ノルウェーによる1国での表彰台独占が起きています。

ミシェル・ムルダー選手（左）とロナルト・ムルダー選手

第1章 オリンピックの歴史をのぞいてみよう

話したくなるランキング **19**位

国会議員にオリンピアンがいる!?

政治家とスポーツはあまり結びつかないかもしれませんが、実は意外にも、オリンピック出場者（＝オリンピアン）が国会議員になる例も多いのです。

戦艦ミズーリ号上での降伏文書調印式に参加した岡崎勝男（2列目の左から2番目）（Wikimedia Commons）

歴史的な場にいたオリンピアン!?

陸上の長距離走の選手、**岡崎勝男**は外務省の職員としてフランスに派遣されていたころに、第8回パリ大会（1924年、フランス）に出場した経験をもちます。5,000メートル、10,000メートルに出場しましたが、残念ながらどちらの種目も棄権に終わりました。その後は、日本が戦争へ向かう時代に**外交官**として活動し、1945年に終戦を迎えると、**戦艦ミズーリ号**の上で行われた連合国との間の降伏文書調印式にも出席しました。

夫婦でオリンピアン!?

①小野喬選手は第15回ヘルシンキ大会（1952年、フィンランド）から東京大会まで、4大会連続出場し、そのすべての大会でメダルを取っています。獲得した**メダルの総数13は日本人最多**です。

②期とは国会議員の任期で、衆議院議員は4年、参議院議員は6年が1期です。

女子体操の**小野清子選手**は、夫である**小野喬選手**①とともに第17回ローマ大会（1960年、イタリア）と、次の第18回東京大会（1964年、日本）の2大会連続で、**夫婦そろってのオリンピック出場**を果たし、東京大会では団体の銅メダリストとなりました。引退後、清子選手は1986年に**参議院議員**に当選し、2007年までの間に、通算3期②議員を務めました。

東京大会で演技する小野清子選手

84

オリンピアンからこんなに政治家に！

☆田名部匡省選手（アイスホッケー）

　第8回スコーバレー冬季大会（1960年, アメリカ）, 第9回インスブルック冬季大会（1964年, オーストリア）と, 2度オリンピックに出場し, 引退後は**男子アイスホッケー日本代表監督**として, 第11回札幌冬季大会（1972年, 日本）などに出場しています。1979年には国会議員に当選し, 2010年まで**30年以上**も政治の世界で活動しました。

☆釜本邦茂選手（サッカー）

　日本サッカーリーグで7度の年間最優秀選手賞に輝く名選手です。第19回メキシコシティー大会（1968年, メキシコ）では, 7得点で**得点王**となり, 日本チームを**銅メダル**に導きました。1995年から6年間, 政治の世界で活動しました。

☆麻生太郎選手（クレー射撃）

　セメント会社を経営する傍ら, 第21回モントリオール大会（1976年, カナダ）に出場しました。1979年から現在まで国会議員として活動し, 2008年には**内閣総理大臣**にまでのぼりつめました。

☆橋本聖子選手（スピードスケート, 自転車）

　第14回サラエボ冬季大会（1984年, ユーゴスラビア, 現在のボスニア・ヘルツェゴビナ）から**冬季4回, 夏季3回**出場し, 1995年に国会議員となりました。第26回アトランタ大会（1996年, アメリカ）は議員在任中のオリンピック出場でした。

☆馳浩選手（レスリング）

　第23回ロサンゼルス大会（1984年, アメリカ）に出場し, **プロレス選手**として活躍後, 釜本選手, 橋本選手と同じ1995年に国会議員となり, 2015年には**文部科学大臣**にもなっています。現在も政治家として活躍中です。

☆谷（田村）亮子選手（柔道）

　第25回バルセロナ大会（1992年, スペイン）から**5大会連続出場**し, そのすべての大会でメダルを獲得しています。第27回シドニー大会（2000年, オーストラリア）と第28回アテネ大会（2004年, ギリシャ）での金メダルは, 日本女子初めての**2大会連続金メダル**でした。アテネ大会では夫の**谷佳知選手**（野球）も銅メダルを獲得し, **夫婦でメダリスト**になっています。谷亮子選手は2010年から6年間, 国会議員として活動しました。

☆荻原健司選手（スキー）

　第16回アルベールビル冬季大会（1992年, フランス）から2大会連続で, ノルディック複合団体の**金メダル**に輝き, 2004年から1期国会議員を務めました。

メダリストがノーベル賞⁉

これまで，たくさんのオリンピアンが誕生していますが，**ノーベル賞**①をもらったことのあるメダリストがいることを知っていますか？

イギリスの陸上選手だった**フィリップ・ノエル＝ベーカー**は，まだ学生だった1912年，第5回ストックホルム大会（スウェーデン）で，1,500メートル走に出場し，**6位に入賞**しました。ドイツで行われるはずだった次のベルリン大会は，第1次世界大戦のために中止されました。平和主義を唱えるキリスト教の一派を信仰していたノエル＝ベーカーは，兵士として戦うことを拒み，衛生兵として従軍しました。

第1次世界大戦後の1919年，ノエル＝ベーカーは**パリ講和会議**②に派遣され，**国際連盟**の設立に力を尽くしました。1920年にベルギーで行われた**第7回アントワープ大会**に出場したのは，国際連盟の事務局で忙しく働いていたころです。このとき彼は，すでに31歳でしたが，1,500メートル走に出場し，**銀メダル**に輝きました。

1929年には国会議員に当選し，**チャーチル内閣**などでさまざまな大臣を務め，第2次世界大戦後は**国際連合**の設立にもかかわり，国際連合のイギリス代表となる一方，第1次世界大戦の経験を生かして平和運動にも取り組み，日本の原水爆禁止運動にも参加しました。これらの功績を認められて，ノエル＝ベーカーは1959年に**ノーベル平和賞**を受賞したのです！　**オリンピックの平和に果たす役割**を重んじていたノエル＝ベーカーは，オリンピックにもほとんど毎回のように，訪れていました。

ノーベル賞がつくられたのは，近代オリンピックが始まってまもない**1901年**ですが，これまでオリンピック・メダリストで**ノーベル賞を受賞したのはノエル＝ベーカーただ1人**です。

①ダイナマイトを発明した**アルフレッド・ベルンハルド・ノーベル**が設立した基金からおくられる賞で，**物理学，化学，生理学・医学，文学，平和**の5部門があります。

②この会議には日本も参加しています。この会議をきっかけに，国際的な平和機関として国際連盟が設立されました。

ノエル＝ベーカーは核兵器反対を訴え，何度も広島を訪れているのじゃよ。

フィリップ・ノエル＝ベーカー

映画俳優になったメダリストがいた！

オーストリア＝ハンガリー帝国，現在のルーマニア生まれの**ジョニー・ワイズミュラー**はアメリカ国籍の水泳選手でした。1922年に100メートル自由形で初めて1分の壁を破り，**世界記録**を打ち立て，第8回パリ大会では100メートル自由形と400メートル自由形で金メダル，次の第9回アムステルダム大会（1928年，オランダ）でも，100メートル自由形で連覇するなど，2大会で計**5個の金メダル**を取りました。その現役中，**世界記録の達成は67回**にのぼります。

オリンピックのあとは，たくましい体をいかして下着メーカーのモデルを務め，また映画の世界にも進出し，1932年の「類猿人ターザン」に出演します。❸ ワイズミュラーは1984年に亡くなりましたが，葬儀ではターザンの雄叫びのテープが流される場面もあり，参列者を驚かせたということです。

❸ワイズミュラー版のターザンは，1948年まで12本もつくられました。

✱✱✱オリンピックを映画でも！✱✱✱

ＩＯＣは大会ごとに公式記録映画の制作を開催国に義務づけています。そのほか，オリンピックを題材としたこんな映画もあります。

☆**炎のランナー（1981年）**

1924年のパリ大会に，イギリス代表として出場した2人の陸上ランナーを描いた作品です。人種差別と戦い自分自身の証明のために走るハロルドと、敬虔なクリスチャンとして神のために走るエリック。2人がそれぞれのやりかたで勝利するまでの物語です。アカデミー賞の作品賞など4部門を受賞しました。

☆**クール・ランニング（1993年）**

第15回カルガリー冬季大会（1988年，カナダ）には，南国ジャマイカから初めてボブスレーに参加したチームがありました。実話をもとに，雪を見たこともない，ソリも持たない青年たちがオリンピックで活躍する姿を陽気な音楽**レゲエ**にのせて明るく描いたスポーツ・コメディです。

第1章 オリンピックの歴史をのぞいてみよう

話したくなるランキング **20**位

勝敗も国境も越えるオリンピック

オリンピックのあるべき姿として,「友情・連帯感・フェアプレーの精神をもって理解し合う」ことがあげられます。これまでにも感動的な物語が繰り広げられてきました。

❶ 神奈川県藤沢市にある湘南海岸と地続きの島です。

❷ ヨット競技は,船の種類によって細かく種目が分かれています。フライングダッチマン級は,全長6メートル,幅1.7メートルの2人乗りの船です。

「人類愛の金メダル」ヨットマンのフェアプレー

第18回東京大会(1964年,日本)では,江の島❶でヨット競技が行われました。フライングダッチマン級❷レースは,2日目までは天気に恵まれましたが,3日目の海上では風速15メートルの強風が吹く悪天候となりました。

転覆するヨットが続出するなか,スウェーデンの**ラース・キエル選手**,**スリグ・キエル選手**の兄弟が乗るヨットが先頭グループを追い上げていたそのとき,前を行くオーストラリアチームのヨットが突風にあおられ,1人の選手が海へ投げ出されてしまったのです。もう1人の選手は,横倒しになったヨットにしがみつくのがやっとという状態でした。

これに気づいたキエル兄弟は,レースを中断して**100メートルも後戻り**して救助にあたりました。そして,オーストラリアチームがスタッフに助け上げられるのを見届けてからレースを再開したのですが,結局11位に終わりました。

レースでは,事故に備えて救助スタッフがいるので,本来はほかの選手の心配をする必要はないのです。しかし,レース後,キエル兄弟は「海で事故を見つけたら,救助に向かうのは,**海の男としてあたり前**のことです」と,笑顔で語ったそうです。

友情の銀・銅メダル

　1936年に行われた第11回ベルリン大会（ドイツ）の男子棒高跳びは，小雨の降るなか，長時間にわたる競技が続いていましたが，アメリカの**アール・メドウス**が4メートル35を跳んで優勝を決めました。

　2位には日本の**西田修平選手**と**大江季雄選手**が4メートル25で並んでいました。少ない試技で高さをクリアした選手を上位とするルールは，ベルリン大会の次の大会から適用されることになっていましたが，選手の疲れを考えた運営側は1回目の試技でこの高さをクリアした西田選手を2位，2回目でクリアした大江選手を3位としました。西田選手は，これに抗議したといわれますが，一方で，すでに2人とも，疲労が頂点に達していたため，「日本人同士で争うことはない」と決定戦を辞退した，という説もあります。結局日本側も，先にクリアした年長の西田を2位とすることで同意しました。

　翌日行われた表彰式では，前回の第10回ロサンゼルス大会（1932年，アメリカ）で銀メダルを取っていた西田選手が，「金メダル以外は何でも同じ」と，自分より年下の大江選手を2位の表彰台に立たせたといわれます。しかし，帰国後，銀メダルが大江選手のものではなかったことを知った大江選手の家族が西田選手のところへメダルを返しにいったそうです。そこで，西田選手の提案により，銀メダルと銅メダルを半分に切ってつなぎ合わせた「**銀・銅メダル**」をつくり，それぞれが持つことにしたのです。のちに「**友情の銀・銅メダル**」と呼ばれるようになった，2つのメダルは今も大切に保管されています。

❸ 3回続けて失敗すると競技終了となります。

❹ 棒高跳びは，同じ記録が発生しやすい種目です。越えた高さが同じ場合，その高さを何回目の試技で越えたかで順位を決めます。それも同じ場合は，競技全体での失敗数（少ないほうが上位），それでもまだ差がない場合は，同順位となります（1位を決定するときは追加の試技が行われます）。

❺ 第12回大会は東京で行われるはずでしたが，戦争のためヘルシンキ（フィンランド）に変更されました。幻の東京大会などともいわれます。

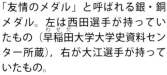

「友情のメダル」と呼ばれる銀・銅メダル。左は西田選手が持っていたもの（早稲田大学大学史資料センター所蔵），右が大江選手が持っていたもの。

東西ドイツの統一選手団の旗
(Wikimedia Commons)

南北合同チーム選手団で使用された韓国・北朝鮮の統一旗
(Wikimedia Commons)

❶オリンピックにおける国名コードは，通常，韓国は「KOR」，北朝鮮は「PRK」を使用しますが，合同チームは「COR」を使用しました。これは，フランス語で韓国，朝鮮を意味するCoréeからきています。

国境を越えた結びつき

　第2次世界大戦で破れたドイツは，1949年，政治体制の違う**西ドイツと東ドイツ**という2つの国に分かれました。

　第16回メルボルン大会（1956年，オーストラリア）では，第15回のヘルシンキ大会（1952年，フィンランド）に出場できなかった東ドイツからの抗議を受けて，**東西ドイツの統一選手団**がつくられることになりました。表彰式では，国旗として現在のドイツ国旗の中央にオリンピック・シンボルをデザインしたものと，ベートーベン作曲の，「交響曲第9番」から「**歓喜の歌**」が国歌として用いられました。

　第31回リオデジャネイロ大会（2016年，ブラジル）の射撃男子50メートルピストル決勝では，韓国の**チン・ジョンオ選手**が金メダルを決めたとき，銅メダルとなった北朝鮮の**キム・ソングク選手**が歩み寄って握手しました。両国は1948年に成立して以来，対立を続けていましたが，第23回平昌冬季大会（2018年，韓国）では，**女子アイスホッケーチーム**が韓国と北朝鮮の合同チームをつくって参加しています。

　また，リオデジャネイロ大会の陸上男子50キロ競歩では，レース中に日本の**荒井広宙選手**とカナダの**エバン・ダンフィー選手**が接触し，カナダチームの抗議で一時は荒井選手が失格になりました。しかし一転，日本側からの抗議が認められ荒井選手が3位，ダンフィー選手は4位となりました。ダンフィー選手は「ぶつかることは競歩ではよくある」と話し，閉会式では2人そろって笑顔で記念写真におさまっています。

✳︎✳︎✳︎オリンピックデー✳︎✳︎✳︎

　近代オリンピックの復活が決定されたのは，1894年6月23日でした。つまり，6月23日は近代オリンピックの誕生日ともいえます。IOCはこれを記念して，この日を世界共通のオリンピックデーとし，オリンピック・ムーブメントを広めるためのイベントの実施を提唱しています。日本でも，オリンピックデーランやオリンピックコンサートなど，さまざまな行事が行われています

第2章
オリンピックにまつわる基礎知識
〜資料編〜

第2章 オリンピックにまつわる基礎知識～資料編～

1 これまでの夏季オリンピックの開催地

　第1回アテネ大会（1896年，ギリシャ）から，第31回リオデジャネイロ大会（2016年，ブラジル）までに，夏季オリンピックは28回開催されています。どこで開催され，参加国（地域を含む）と参加人数はどのくらいだったのでしょうか。

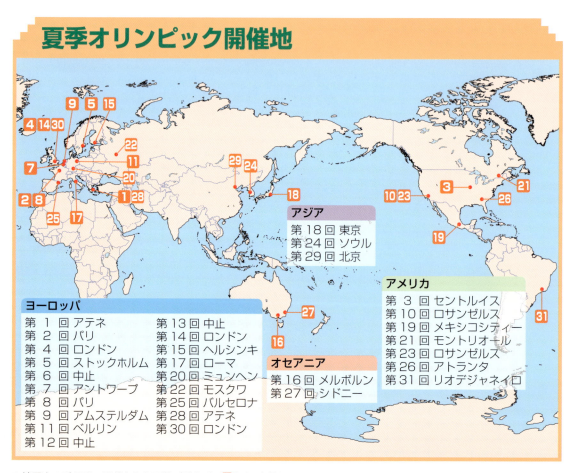

※地図上の番号は，開催された回数（例えば，**1**ならば「第1回アテネ大会」）を意味し，開催された都市の位置を示しています。

夏季オリンピックの開催地

回	年	開催地	開催国	参加国・地域数	参加選手数	種目数
1	1896	アテネ	ギリシャ	14	241	43
2	1900	パリ	フランス	24	997	95
3	1904	セントルイス	アメリカ	13	681	87
4	1908	ロンドン	イギリス	22	1,999	110
5	1912	ストックホルム	スウェーデン	28	2,490	108
6	1916	ベルリン	ドイツ	第一次世界大戦のため中止		
7	1920	アントワープ	ベルギー	29	2,668	161
8	1924	パリ	フランス	44	3,070	140
9	1928	アムステルダム	オランダ	46	2,694	119
10	1932	ロサンゼルス	アメリカ	37	1,328	128
11	1936	ベルリン	ドイツ	49	3,956	148
12	1940	東京 / ヘルシンキ	日本 / フィンランド	第二次世界大戦のため中止		
13	1944	ロンドン	イギリス	第二次世界大戦のため中止		
14	1948	ロンドン	イギリス	59	4,064	136
15	1952	ヘルシンキ	フィンランド	69	5,429	149
16	1956	メルボルン（ストックホルム）	オーストラリア（スウェーデン）	67（29）	3,178（159）	145（6）
17	1960	ローマ	イタリア	83	5,315	150
18	1964	東京	日本	93	5,152	163
19	1968	メキシコシティー	メキシコ	113	5,498	112
20	1972	ミュンヘン	西ドイツ	121	7,121	195
21	1976	モントリオール	カナダ	92	6,043	198
22	1980	モスクワ	ソ連	80	5,283	203
23	1984	ロサンゼルス	アメリカ	140	6,802	221
24	1988	ソウル	韓国	159	8,473	237
25	1992	バルセロナ	スペイン	169	9,368	257
26	1996	アトランタ	アメリカ	197	10,318	271
27	2000	シドニー	オーストラリア	199	10,651	300
28	2004	アテネ	ギリシャ	201	10,625	301
29	2008	北京	中国	204	10,942	302
30	2012	ロンドン	イギリス	204	10,568	302
31	2016	リオデジャネイロ	ブラジル	205	11,303	306

① これまでの夏季オリンピックの開催地

第2章 オリンピックにまつわる基礎知識〜資料編〜

2 これまでの冬季オリンピックの開催地

　第1回シャモニー・モンブラン大会（1924年，フランス）から，第23回平昌(ピョンチャン)大会（2018年，韓国(かんこく)）までに，冬季オリンピックは23回開催されています。どこで開催され，参加国（地域を含む）と参加人数はどのくらいだったのでしょうか。

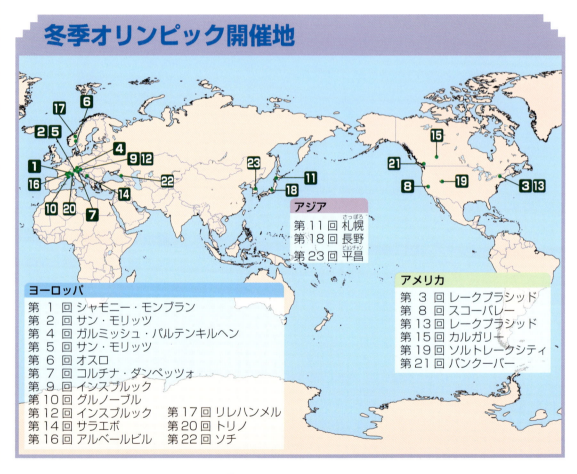

冬季オリンピック開催地

アジア
第11回 札幌(さっぽろ)
第18回 長野
第23回 平昌(ピョンチャン)

アメリカ
第 3回 レークプラシッド
第 8回 スコーバレー
第13回 レークプラシッド
第15回 カルガリー
第19回 ソルトレークシティ
第21回 バンクーバー

ヨーロッパ
第 1回 シャモニー・モンブラン
第 2回 サン・モリッツ
第 4回 ガルミッシュ・パルテンキルヘン
第 5回 サン・モリッツ
第 6回 オスロ
第 7回 コルチナ・ダンペッツォ
第 9回 インスブルック
第10回 グルノーブル
第12回 インスブルック　第17回 リレハンメル
第14回 サラエボ　　　　第20回 トリノ
第16回 アルベールビル　第22回 ソチ

※地図上の番号は，開催された回数（例えば，1ならば「第1回シャモニー・モンブラン冬季大会」）を意味し，開催された都市の位置を示しています。

94

冬季オリンピックの開催地

回	年	開催地	開催国	参加国・地域数	参加選手数	種目数
1	1924	シャモニー・モンブラン	フランス	16	258	14
2	1928	サン・モリッツ	スイス	25	464	14
3	1932	レークプラシッド	アメリカ	17	252	14
4	1936	ガルミッシュ・パルテンキルヘン	ドイツ	28	668	17
5	1940	札幌	日本	第二次世界大戦のため中止		
5	1944	コルチナ・ダンペッツォ	イタリア	第二次世界大戦のため中止		
5	1948	サン・モリッツ	スイス	28	669	22
6	1952	オスロ	ノルウェー	30	694	22
7	1956	コルチナ・ダンペッツォ	イタリア	32	820	24
8	1960	スコーバレー	アメリカ	30	665	27
9	1964	インスブルック	オーストリア	36	1,091	34
10	1968	グルノーブル	フランス	37	1,158	35
11	1972	札幌	日本	35	1,006	35
12	1976	インスブルック	オーストリア	37	1,123	37
13	1980	レークプラシッド	アメリカ	37	1,072	38
14	1984	サラエボ	ユーゴスラビア	49	1,274	39
15	1988	カルガリー	カナダ	57	1,423	46
16	1992	アルベールビル	フランス	64	1,801	57
17	1994	リレハンメル	ノルウェー	67	1,739	61
18	1998	長野	日本	72	2,176	68
19	2002	ソルトレークシティ	アメリカ	77	2,399	78
20	2006	トリノ	イタリア	80	2,508	84
21	2010	バンクーバー	カナダ	82	2,566	86
22	2014	ソチ	ロシア	88	2,858	98
23	2018	平昌（ピョンチャン）	韓国（かんこく）	92	2,922	102

冬季オリンピックは，夏季オリンピックと比べると開催数が少ない。これは冬季オリンピックが始まったのが1924年のことであり，夏季オリンピックが始まってから30年近く遅れての開催であったためじゃな。

95

第2章 オリンピックにまつわる基礎知識～資料編～

3 近代オリンピックの始まりとオリンピズム

近代オリンピックの始まり

オリンピア遺跡の発掘

1776年，ギリシャでオリンピアの遺跡が発見され，考古学者ハインリッヒ・シュリーマンの指導で発掘が進められたことで，古代ギリシャへの関心がヨーロッパ全体で高まりました。イギリスでは医師のウィリアム・ペニー・ブルックスによって，若者の健康増進のための競技会が1850年から開かれるようになります。

クーベルタンの理想

また，1800年代に入ると，フランスでは政治体制が変わったり，戦争が起こったりしたことで，世の中が不安定になっていました。フランスの貴族ピエール・ド・クーベルタンは，平和を実現するためには心身の調和のとれた若者を育てることが必要だと考えていました。そして，ブルックスの競技会に招待されたクーベルタンは，その考え方に共感し，古代オリンピックの復活を目指すようになります。

オリンピックの復活

そして，1894年にパリで開かれたスポーツ競技者連合の会議において，クーベルタンはオリンピックの復活を提案し，可決されました。

IOCの総会（1894年）

この会議では2年後に第1回大会を開くこと，また，その年を「オリンピアード」（近代オリンピックの4年周期）の1年目とすることなどが定められ，国際オリンピック委員会（以下「IOC」とします）もつくられます。このような経緯を経て，記念すべき第1回オリンピック大会は1896年，古代オリンピックが行われていたギリシャの首都アテネで開かれました。

オリンピック憲章の制定

オリンピズム

IOC の初代会長には，ギリシャ人のデメトリウス・ビケラスがつき，クーベルタンは2代目の会長となりました。クーベルタンは，オリンピックのあるべき姿として「オリンピズム」を掲げます。オリンピズムとは，

> スポーツを通して心身を向上させ，さらには文化・国籍などの違いを超え，友情・連帯感・フェアプレーの精神をもって理解し合うことで，平和でよりよい世界の実現に貢献する

という考えです。

多くのスポーツ選手がオリンピックに参加することを栄誉と考えるのは，オリンピックには他のスポーツ大会にはない価値があるためです。その価値を支えるのがオリンピズムの理念です。

オリンピック憲章の制定

1925年には「オリンピックの憲法」ともいわれる「オリンピック憲章」が定められます。この憲章の第1章にあたる「オリンピック・ムーブメント」という部分には，「オリンピズム」の根本原則が掲げられました。

そして，その原則には，オリンピックは4年に一度開催すること，世界各都市で開催すること，アマチュア競技者を人種・宗教・政治による差別なく参加させることなどが定められました。

アマチュア規定

オリンピックの開催当初は，「参加はアマチュア競技者に限る」とされ，スポーツでお金を稼いでいる人は参加できませんでした（→78ページ）。オリンピックについては，「参加する栄誉がいちばんの報酬だ」という考えが根強かったからです。みなさんも"オリンピックは参加することに意義（意味のこと）がある"という言葉を聞いたことがあるかもしれません。

ただし，プロスポーツ選手の活躍をオリンピックという世界最大の舞台で見てみたい…という声が多かったこともあり，1974年になって，このアマチュア規定は廃止されました。

オリンピック憲章
（2017年版）

3　近代オリンピックの始まりとオリンピズム

第2章 オリンピックにまつわる基礎知識～資料編～

オリンピック・ムーブメント

オリンピズムの根本原則

オリンピズムの根本原則には，「スポーツを通じて心身のバランスのとれた人間を育てる」，「平和な社会を実現する」ことのほか，「オリンピック・ムーブメントを広げる」ことが記されています。これはオリンピズムを世界に伝えていくための活動のことで，夏・冬とも4年おきに開かれるオリンピック競技会もその活動の1つです。

オリンピック・ムーブメントのさまざまな活動

オリンピック・ムーブメントに関しては，オリンピック競技会以外にも，次のような活動が行われています。

- 文化プログラム…開催国の歴史や文化を紹介するため，芸術作品などが展示されます。
- 女性の参加…第2回パリ大会に初めて女性が参加して以来（→15ページ），1920年代から盛んになった女性運動の影響もあり，多くの女性がオリンピックに参加するようになりました。
- ドーピングの禁止…IOCが中心となって，1999年に世界アンチドーピング機構をつくり，薬物などを使って競技力を高める行為をなくす努力をしています。
- 経済支援…経済の発展が遅れた地域の選手やコーチに対して，IOCなどが中心になって資金を援助しています。
- 環境保護…競技施設を建設するときに自然を破壊しないよう気をつけたり，オリンピック会場への自家用車の乗り入れを禁止するなどしています。
- パラリンピック…身体障がい者を対象としたスポーツ競技大会であるパラリンピックを，オリンピック競技大会の終了後，同じ都市で開催しています。

パラリンピックのシンボル「スリーアギトス」

オリンピックが目指すもの

オリンピックデー	1948年にロンドンで行われたIOC総会において、IOCが設立された6月23日を「オリンピックデー」と定めました。オリンピック・ムーブメントを広げるためのさまざまな記念イベントが、世界各国で行われるようになりました。
オリンピック・シンボル	1914年には、クーベルタンによってオリンピック・シンボル（五輪マーク）がつくられました。そして、第7回アントワープ大会（1920年、ベルギー）以降、このシンボルは開会式で使われるようになりました（→56ページ）。
オリンピック賛歌	オリンピック・シンボルが掲げられるときには、金管のファンファーレから始まる荘厳な「オリンピック賛歌」が演奏されます。これは、第1回アテネ大会のためにギリシャのスピロス・サマラスが作曲したものです。
オリンピック・モットー	クーベルタンの友人であるディドン神父が、1891年に「より速く、より高く、より強く（ラテン語でCitius-Altius-Fortius）」という言葉を、校長をしていた高校の陸上競技大会で述べました。これは、「まわりとの比較ではなく、自分自身の能力を高めていく」ことを求めるものです。クーベルタンは、オリンピズムを世界に伝えるため、このことばをモットーとして掲げました。
オリンピックは国家間の競争ではない	オリンピック憲章の第1章には、 　オリンピック競技大会は、個人種目または団体種目での選手間の競争であり、国家間の競争ではない。 とあります。勝利は選手の栄誉であることが定められており、国別のメダルランキング表の作成を禁じています。ただし、みなさんもニュースなどで見たことがあると思いますが、どうしても各国のメダルランキングは気になりますよね。

オリンピック賛歌が流れるなかでの五輪旗掲揚

第2章 オリンピックにまつわる基礎知識〜資料編〜

4 なぜオリンピックは4年に1回なの？

夏季オリンピックの開催地

紀元前8世紀ごろの詩人ホメロスの叙事詩である「イリアス」には，**アキレス**という英雄がトロイア戦争で死んだ友人パトロクロスを弔うために競技を行ったのが，古代オリンピックの始まりだと書かれています。

ほかにも**ヘラクレス**という英雄が開催したという説もありますが，本当のところはわかりません。ただし，オリンピアで出土した円盤に刻まれた碑文によると，オリンピアで最初に競技会が開催されたのは**紀元前1584年**とされています。

治療を受けるアキレス
（Wikimedia Commons）

もう1つの伝説としては，戦争によって国土が荒れたエリスという都市国家の王が，古代ギリシャのデルフォイという都市国家にある**アポロン神殿**において，「戦争をやめてオリンピア競技を復活させよ」というお告げを受け，他の都市と休戦協定を結んだうえで競技会を開いたというものです。これは紀元前884年のことでした。

記録が残る最古の古代オリンピックは？

古代ギリシャは小さな都市国家に分かれていましたが，紀元前776年，都市国家の枠を越えた祭典（競技会）が開かれるようになりました。この祭典はゼウスの神殿がある**オリンピア**で行われ，その前後3か月間は都市同士の戦争などの争いごとが禁止されました（→66ページ）。

そして，この祭典は**4年ごとの夏**に行われ，次のオリンピックまでの4年間を1オリンピアードとして数えたといわれています。

オリンピックをもとにした年代の数え方

近代オリンピックも，4年に1度開かれるようになったよ。オリンピック憲章では，第1章でオリンピアードという年代の数え方について，次のように定められているんじゃ。

- オリンピアードは連続する4つの暦年からなる期間である。それは最初の年の1月1日に始まり，4年目の年の12月31日に終了する。
- オリンピアードは，1896年にアテネで開催された第1回オリンピアード競技大会から順に連続して番号がつけられる（第29次オリンピアードは2008年1月1日に始まった）。
- オリンピック冬季競技大会は，開催順に番号がつけられる。

4年の間隔のことを夏季大会では「オリンピアード」と呼び，中止された場合もその回数を数えるよ。夏季大会は正式には「オリンピアード競技大会」というんじゃ。冬季大会は「オリンピック冬季競技大会」が正式名。冬季大会の4年間隔は「サイクル」と呼ばれ，実際に行った大会の回数だけ数えるんじゃよ。

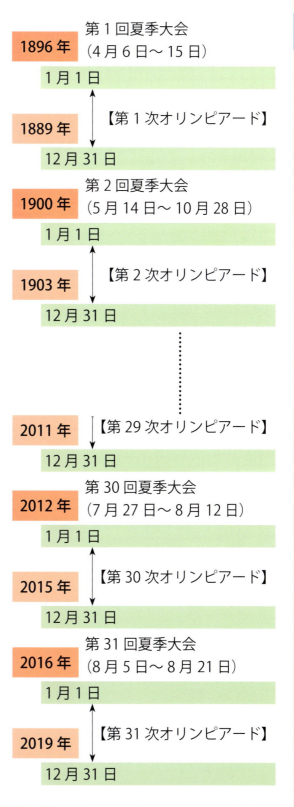

1896年 第1回夏季大会（4月6日〜15日）
1月1日
【第1次オリンピアード】
1889年
12月31日

1900年 第2回夏季大会（5月14日〜10月28日）
1月1日
【第2次オリンピアード】
1903年
12月31日

2011年 【第29次オリンピアード】
12月31日

2012年 第30回夏季大会（7月27日〜8月12日）
1月1日
【第30次オリンピアード】
2015年
12月31日

2016年 第31回夏季大会（8月5日〜8月21日）
1月1日
【第31次オリンピアード】
2019年
12月31日

④ なぜオリンピックは4年に1回なの？

第2章　オリンピックにまつわる基礎知識〜資料編〜

5 オリンピックを支えるさまざまな団体

ＩＯＣ（国際オリンピック委員会）
International Olympic Committee

成り立ち

設立：1894年

本部：ローザンヌ

IOC委員：発足時は16人。
　今は定員115人（2017年）。
　NOCをもつ国のなかから，1人
　選ばれる（オリンピックを開い
　たことのある国からは2人目を
　選ぶことができる）

役割

・オリンピックを開く
・スポーツで平和を広める
・フェアプレーの精神を広める
・オリンピックにかかわる団体を
　支援する
・スポーツと文化を調和させる
・ドーピングをなくす
・差別に反対する
・環境問題に取り組む

歴代のＩＯＣ会長

1代　デメトリウス・ビケラス（ギリシャ）：1894〜1896年

2代　ピエール・ド・クーベルタン（フランス）：1896〜1925年

3代　アンリ・ド・バイエ＝ラトゥール（ベルギー）：1925〜1942年

4代　ジークフリード・エドストローム（スウェーデン）：1946〜1952年

5代　エイベリー・ブランデージ（アメリカ）：1952〜1972年

6代　マイケル・キラニン（アイルランド）：1972〜1980年

7代　ファン・アントニオ・サマランチ（スペイン）：1980〜2001年

8代　ジャック・ロゲ（ベルギー）：2001〜2013年

9代　トーマス・バッハ（ドイツ）：2013年〜

ＩＯＡ（国際オリンピックアカデミー）
International Olympic Academy

成り立ち

設立：1961年
本部：アテネ

役割

オリンピック・ムーブメント
の普及と研究・教育を行う

オリンピックを支える主な団体じゃ。IOCとIOAは、国際的な機関。NOCとNOAは、各国における機関じゃな。

NOC（国内オリンピック委員会）
National Olympic Committee

- USOC（アメリカオリンピック委員会）
- BOA（イギリスオリンピック委員会）
- COC（中国オリンピック委員会）
- JOC（日本オリンピック委員会）

など

各地域のオリンピック委員会

- OCA（アジアオリンピック評議会）
- EOC（ヨーロッパオリンピック委員会）
- PASO（パンアメリカンスポーツ機構）
- ANOCA（アフリカ国内オリンピック委員会連合）
- ONOC（オセアニア国内オリンピック委員会）

JOCの活動

- 日本代表選手団結団式・壮行会
- オリンピアン研修会
- オリンピック教室
- スポーツ祭り
- オリンピックデー・ラン
- オリンピックデー・フェスタ
- 環境問題のシンポジウムへの選手の参加
- 文化プログラムの実施

など

第125 IOC総会の様子 2013年9月

NOA（国内オリンピックアカデミー）
National Olympic Academy

役割　各国・地域でオリンピック・ムーブメントの普及と研究・教育を行う

⑤ オリンピックを支えるさまざまな団体

103

第2章 オリンピックにまつわる基礎知識〜資料編〜

6 金メダルの移り変わりを見てみよう

　第1回アテネ大会（22ページ）から，第8回パリ大会まで，夏季大会の優勝者に贈られるメダルのデザインはまちまちでした。

第2回パリ大会

近代オリンピック史上ただ1つの四角い金メダルです。

第3回セントルイス大会

競技者が勝利のシンボルである月桂樹をもっています。

第4回ロンドン大会

2人の女性が男性の競技者に月桂樹を授けています。

第5回ストックホルム大会

古代ローマの戦士シルヴィウス・ブラボーです。

第7回アントワープ大会

「アントワープ」の「アント」には手，「ワープ（ウェルペン）」には投げ入れるという意味があります。

第8回パリ大会

ライバルに手を差し伸べる競技者－スポーツマンシップの象徴です。

第 9 回アムステルダム大会から第 27 回シドニー大会まで，夏季大会のメダルは表・裏ともほぼ同じデザインが用いられました。

第 9 回アムステルダム大会

〈裏〉

女神ニケが月桂樹とシュロの小枝を持つ姿です。

アテネのパナシナイコ・スタジアムと女神ニケです。

第 17 回ローマ大会

デザインは同じですが，月桂樹に似たリングのなかにメダルが組み込まれました。

第 20 回ミュンヘン大会から，裏面のみデザインが変わりました。裏面のデザインは第 24 回ソウル大会までまちまちになりました。

第 20 回ミュンヘン大会

ギリシャ神話のカストルとポルックスです。

第 22 回モスクワ大会

〈裏〉

第 25 回バルセロナ大会

女神ニケが，スペインの彫刻家の手で現代風のデザインに生まれかわりました。

6 金メダルの移り変わりを見てみよう

第2章 オリンピックにまつわる基礎知識〜資料編〜

第27回シドニー大会までは，表面の女神ニケは翼がなく，手を振っていましたが，第28回アテネ大会から翼を広げました。

第28回アテネ大会

アテネで2度目の大会を記念して，表のデザインがかわりました。

第29回北京大会

メダルを入れるケースももらえるんじゃよ。

第30回ロンドン大会

金メダルの重さは，当時最高の400グラムになりました。

第31回リオデジャネイロ大会

金メダルはさらに重い500グラムになりました。

IOCの決まりでは，メダルの大きさは直径6センチ以上，厚さは3ミリ以上で，金メダルには6グラム以上の金メッキを使うこととされています。

冬季大会では大会ごとに独自のデザインが取り入れられ，開催都市の歴史・文化・シンボルなどがデザインされています。

第1回シャモニー・モンブラン冬季大会

第2回サン・モリッツ冬季大会

第3回レークプラシッド冬季大会

第4回ガルミッシュ・パルテンキルヘン冬季大会

第6回オスロ冬季大会

第7回コルチナ・ダンペッツォ冬季大会

※冬季大会の写真はすべて表面のデザインです。

第2章 オリンピックにまつわる基礎知識〜資料編〜

第8回スコーバレー冬季大会

第9回インスブルック冬季大会

第10回グルノーブル冬季大会
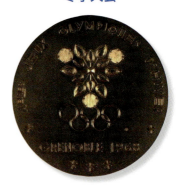

第11回札幌(さっぽろ)冬季大会
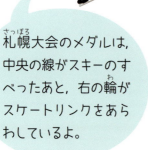

> 札幌(さっぽろ)大会のメダルは，中央の線がスキーのすべったあと，右の輪(わ)がスケートリンクをあらわしているよ。

第12回インスブルック冬季大会

第14回サラエボ冬季大会

第15回カルガリー冬季大会

第16回アルベールビル冬季大会

第17回リレハンメル冬季大会

長野大会のメダルは，日本を代表する伝統工芸の漆が塗られているんじゃ。

第18回長野冬季大会

第19回ソルトレークシティ冬季大会

第20回トリノ冬季大会

第21回バンクーバー冬季大会

第22回ソチ冬季大会

第23回平昌冬季大会

メダルのなかがくり抜かれているのもあるのぉ。

❻ 金メダルの移り変わりを見てみよう

第2章 オリンピックにまつわる基礎知識〜資料編〜

7 欠かすことのできないボランティア

ロンドン大会の「ゲームズメーカー」。ゲームズメーカーとは「大会をつくりあげる人」という意味で，ボランティア活動を行う人を意味します。

　そもそも，ボランティアとは英語の「Voluntarily（自発的に）」をもとにした言葉で，「人の役に立ちたい」，「ためになる経験をしたい」という目標のため，公共の役に立つ活動に参加することです。世界各国より多くの人々や選手が集まるオリンピックの運営には，オリンピック委員会や競技団体の力だけでなく，ボランティアの協力も欠かせません。

ボランティアがオリンピックの運営に初めてとり入れられたのは第14回ロンドン大会のことじゃ。64年ぶりに開かれた第30回ロンドン大会でも，ボランティアは大きな役割を果たしたぞ。現代のオリンピックにとって，ボランティアはかかせない存在じゃ。

ロンドン大会におけるボランティアの道案内

110

第30回ロンドン大会(2012年, イギリス)では, 約70,000人の「**ゲームズメーカー**」と呼ばれる大会ボランティアが, 組織委員会とともに大会の運営に参加しました。このほか, 「ロンドンチームアンバサダー」と呼ばれる約8,000人の都市ボランティアが観光スポットや駅などで, ロンドンを訪れた観客に観光案内や交通案内を行いました。

　この約70,000人のゲームズメーカーうち, **一般ボランティアは約50,000人**ほどで, チケット販売, 観客のための会場案内, 通訳, 選手村の運営, 選手の移動のための運転, ごみ回収など, さまざまな仕事にあたりました。このほか, 特定の技能や資格が必要となる専門ボランティアとしては, 各競技の運営に関わる**スペシャリストスポーツボランティア(SSV)**や, 医療サービスにあたる**メディカルボランティア**もいました。SSVは各競技の経験者がおもなメンバーであり, それぞれの競技団体が採用しました。メディカルボランティアは医師や看護師にあたる人々です。一般より半年早く募集が開始されました。

❼ 欠かすことのできないボランティア

第30回ロンドン大会におけるボランティア運営

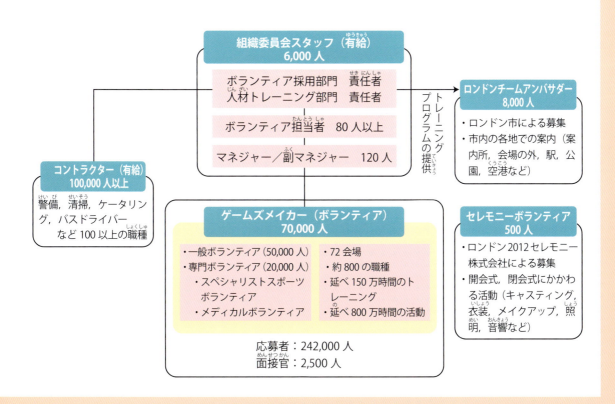

111

第 2 章　オリンピックにまつわる基礎知識〜資料編〜

 ## だれでもできる⁉…というわけではありません

　第 30 回ロンドン大会では，定員約 70,000 人のゲームズメーカーに対して，**約 242,000 人もの応募がありました**。多くの人が世界的なイベントであるオリンピックにかかわりたいという気持ちをもったのでしょう。しかし，正式にボランティアとして採用された人は，応募した人々の 3 分の 1 以下です。そして，採用された人々も，数か月もの厳しいトレーニングを受けたうえで，大会に臨みました。

ロンドン大会でのボランティアの採用スケジュール

2010 年夏	ボランティア募集開始
2010 年 11 月	選考開始
2011 年 1 月〜 2012 年 2 月	採用面接
2011 年 10 月	採用結果の通知開始
2012 年 2 月	オリエンテーショントレーニング
2012 年 3 月	役割別トレーニング開始
2012 年 4 月	ユニフォームと身分証明パスの配布開始
2012 年 6 月	会場トレーニング開始
2012 年 7 月	オリンピック開幕

　ボランティアには当然，給料は支払われませんが，ロンドン大会の例でいえば，オリンピックの開催期間中は，開催都市の公共交通機関は無料で利用でき，仕事中は食事も支給されます。大会中に着ていた，オリンピック・シンボルや大会エンブレムの入ったユニホームは持ち帰ることができ，スポンサー企業の限定商品がプレゼントされることもあります。
　そして，ロンドン大会が無事に終わったのち，イギリス首相からボランティアに感謝状が贈られ，イギリス選手団の祝勝パレードにも参加できました。このような貴重な体験ができるのもボランティアの醍醐味の 1 つでしょう。

2020年の東京オリンピックに参加しよう！

2020年の第32回東京大会に向けて，東京都と組織委員会は，**約80,000人の大会ボランティア**と**都市ボランティア**を募集することにしました。

中学生や高校生も，外国人旅行者に観光スポットを案内する「**おもてなし親善大使**」や，困っている外国人を見かけたときに簡単な外国語で声をかけ，道案内などの手助けをする「外国人おもてなし語学ボランティア」として参加することができます。ボランティアをめざす人は，まず区や市ごとに開かれている講座に参加してみましょう。

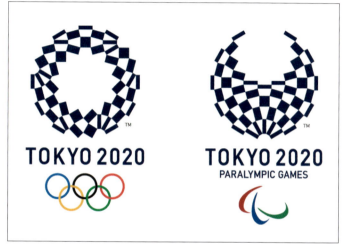

2020年東京大会のエンブレム

参加方法としては，募集が始まったら，まず**ウェブサイトで参加の登録**をします。すると大会組織委員会からメールが送られてくるので，いくつかの質問に回答して，返信をすれば応募完了です。質問されることは，住所や年齢などの個人情報，英語力，スポーツボランティア経験，資格や技能，希望会場・職種（希望を出してもそれが通るとはかぎりません），自己PRなどです。その後, 連絡を待って面接を受けることになります。

採用された人は，**大会前からトレーニングに参加**しなければなりませんし，約2週間のオリンピックの期間中，1人につき**10日間以上の活動**が求められます。東京から遠いところに住んでいる人の場合は，交通や宿泊の費用は自分で負担しなければなりません。ボランティアの人数とその厳しい条件を考え合わせると，オリンピックがどれだけ多くの人々の熱意と善意で支えられているかよくわかります。

第2章 オリンピックにまつわる基礎知識〜資料編〜

8 選手村ってどんなところ？

豪華客船を貸し切った選手団もいた⁉

　選手村という言葉をみなさんも聞いたことがあると思います。選手村とは，オリンピックの開催中，世界各国からやってくる競技者が宿泊する施設のことです。初期のオリンピックでは，各国の選手団が自分たちで，それぞれの宿泊先を手配していました。なんと，第5回ストックホルム大会（1912年，スウェーデン）のアメリカ選手団は，客船の**フィラデルフィア号**を貸し切って港に横づけし，船を宿舎として参加したそうです。船には専用の料理人もいました。

　現在のオリンピックのように，運営側で選手村を用意するようになったのは，第8回パリ大会（1924年，フランス）からです。宿泊費はIOCの負担だったので，一般のホテルへの宿泊では費用がかさんだためです。最初の選手村では，スタジアムの周りに，4人ずつ泊まれる木造の小屋が50戸建てられました。役員9人，選手19人からなる日本選手団も，ここに泊まりました。ただし，このときの選手村には，まだ警備はつけられていませんでした。

パリ大会の初めての選手村

　選手村の警備が厳しくなったのは，第20回ミュンヘン大会（1972年，西ドイツ，現在のドイツ）の後です。この大会で**5人のゲリラが選手村に侵入**し，選手を射殺し，9人の選手・役員を人質に取るという事件が起こったのです。空港まで移動した後，警察との間で銃撃戦となり，人質とゲリラの全員が死亡しました。

東京代々木に1つだけ残る選手宿舎

　現在の選手村のモデルになったのは，第10回ロサンゼルス大会（1932年，アメリカ）からです。この選手村には郵便局や病院，映画館やショッピングセンターなどが備えられ，選手たちは快適に過ごせるようになりました。ただし，利用できたのは男子選手のみでした。

　第11回ベルリン大会（1936年，ドイツ）では，広大な土地に選手村が建設され，宿舎のほか，歓迎会場・食堂，体育館・プール・病院などもつくられました。扇形に並んだ集合住宅のような宿舎とは別に，北側にはデンマーク・チェコスロバキア・ハンガリー・日本・ブラジルなどの国々が独自に宿舎を建てました。

　日本で行われたオリンピックに目を向けると，第18回東京大会（1964年）では，東京の代々木に，国立屋内総合競技場（代々木体育館）や選手村がつくられました。オリンピック後に選手村は取り壊され，跡地は代々木公園や国立オリンピック記念青少年総合センターとして整備されていますが，この大会で使用された選手村の建物が，1つだけ代々木公園に残されています。この場所は第2次世界大戦前まで陸軍の代々木練兵場で，戦後は日本を占領したアメリカ軍の兵士が住むワシントンハイツとなり，800戸を超える宿舎や学校などが建てられました。

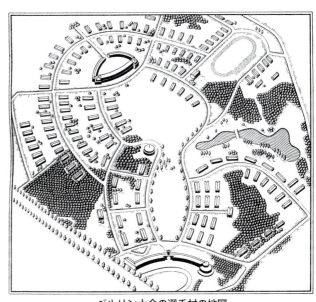

ベルリン大会の選手村の地図

代々木公園に残されている東京大会でオランダ選手団が使った宿舎

第2章 オリンピックにまつわる基礎知識〜資料編〜

長野大会におけるオリンピック・レガシー

　選手村は，国境や民族，宗教を越えた交流の場となります。実際に第18回長野冬季大会（1998年，日本）においては，地元の小中学校が参加する「**1校1国運動**」が行われ，選手が選手村に入るときに，生徒たちが相手国の国歌をその国のことばで歌って歓迎しました。感激して涙を流す選手もいたということです。

　また，各学校は長野入りした選手団を学校に招いて歓迎会を開き，応援メッセージを送りました。大会後も応援した国との交流が続く例も多く見られました。

　その後，この長野大会で始まった「1校1国運動」は世界に広がりを見せ，**オリンピック・レガシー**（オリンピック競技大会が開催都市に残す良い遺産のこと）の1つとして残りました。文化や民族が違う人々との交流のなかから，互いを思いやる心が生まれていき，その心はやがて，クーベルタンがめざした**平和の実現**に結びつきます。

長野冬季大会における「1校1国運動」や，長野市の小学生とオリンピック選手の交流の様子

2020年の東京大会の選手村は？

　では2020年に開催される第32回東京大会の選手村は，どのようになっているのでしょうか。東京大会の選手村は，「**選手の87％が選手村から20分以内に競技場へ着ける**」ことが目標とされ，2018年夏から建設が始まります。

　建設予定地の東京の晴海は，もともと東京湾につくられた埋立地であり，ここに合計23棟のマンションがオリンピック後に完成することになっています。下のイメージ図のうち，中央の2つのタワーマンションはオリンピック後から建設されるもので，残りのマンションはオリンピック時に選手の宿泊施設となります。

　なお，オリンピックが行われた後の選手村跡地は，（大会の）レガシーとして新しい街づくりが計画されています。晴海は都心から近く，海にも面している地域です。この条件を生かして，小さな子どものいる家族や，高齢者，外国人などさまざまな人々が交流できる街が生まれる予定です。

東京2020大会後の選手村（イメージ）

（平成28年3月時点）

東京都都市整備局提供

第2章 オリンピックにまつわる基礎知識〜資料編〜

9 オリンピックへの道を切り拓いた日本人選手

　ここで日本人選手に注目したお話を紹介しましょう。日本人初のメダリストや，日本人初の女子オリンピック選手は，だれだったのでしょうか。

日本人初のメダリストは？

　1912年に，金栗四三選手と三島弥彦選手が日本人として初めてオリンピックに参加して以来，2度目の参加を果たした日本人はテニスの熊谷一弥選手と柏尾誠一郎選手でした。第7回アントワープ大会（1920年，ベルギー）のダブルスではこの2選手が，シングルスでも熊谷選手が決勝に勝ち上がりました。残念ながら2試合とも敗れてしまいましたが，日本人初のメダルとなる銀メダル獲得となりました。

アントワープ大会の熊谷選手

　当時の日本で行われていたのは，オリンピックの種目とは違う軟式テニス。熊谷・柏尾両選手は仕事でニューヨークに住んでいたため，硬式テニスに親しんでいたんじゃよ。

アムステルダム大会の人見選手（左）

日本人初のオリンピック女子選手は？

　第9回アムステルダム大会（1928年，オランダ）に出場した人見絹枝選手が，初の女子選手です。得意の100メートル走では敗れましたが，初めての800メートル走で銀メダルを取りました。オリンピックに初めて出場した女子選手が，同時に初めての女子メダリストとなったのです。人見選手は万能選手で，これに先立つ世界選手権の走り幅跳びでは，日本選手初の世界記録を達成しました。

　初めて走った800メートル走でラストスパートをかけた人見選手は，1位に0.8秒の差でゴールすると同時に意識を失って倒れてしまったのじゃよ。全力を使い果たしてしまったんじゃ。

日本人初の金メダリストは？

1928年，陸上三段跳びの織田幹雄選手は，4度目のオリンピック出場となる第9回アムステルダム大会で，日本人初の金メダルを獲得しました。身長155センチメートルと小柄な織田選手は，ジャンプを理論的に突き詰めてトレーニングに工夫をこらし，体格的に不利な条件を乗り越えたのです。同じ大会，競泳平泳ぎ200メートルでも，鶴田義行選手が金メダルに輝きました。

アムステルダム大会の織田選手

織田選手は表彰式を迎える前に，パリ国際学生大会に出場するためにアムステルダムを去ったため，鶴田選手が代理で金メダルを受けとったそうじゃよ。

日本人女子選手初の金メダリストは？

第10回ロサンゼルス大会（1932年，アメリカ）の競泳200メートル平泳ぎで1位と0.1秒差で銀メダルを獲得した前畑秀子選手。意気揚々と帰国しましたが，東京市長から「なぜ金メダルを取ってくれなかったのかね」といわれて，その悔しさをバネに第11回ベルリン大会（1936年，ドイツ）に臨み，念願の金メダルを勝ち取りました。

ベルリン大会の前畑選手

ベルリン大会の決勝は2位の選手とわずか0.6秒差の接戦で，ラジオ中継したNHKアナウンサーは，最後のターンからゴールまで，「前畑がんばれ」を二十数回も叫んだんじゃ。

競泳陣は，ロサンゼルス大会では5個，ベルリン大会では4個の金メダルを獲得し，競泳は日本の「お家芸」になっていったんじゃ。

⑨ オリンピックへの道を切り拓いた日本人選手

119

第2章 オリンピックにまつわる基礎知識～資料編～

10 現在行われている公式競技と種目

※特に記述がない場合は男女各1種目ずつあります。

夏季オリンピックの公式競技と種目

陸上競技

トラック
- 短距離走…100／200／400メートル
- 中距離走…800／1,500メートル
- 長距離走…5,000／10,000メートル
- ハードル走…男子110／女子100／男女400メートル
- 障害…3,000メートル
- リレー…4人×100, 4人×400メートル

フィールド
- 砲丸投げ
- 円盤投げ
- ハンマー投げ
- やり投げ
- 走幅跳び
- 棒高跳び
- 走高跳び
- 三段跳び

ロード
- マラソン
- 競歩…20キロメートル
  50キロメートル 男子のみ

混成
- 十種競技（陸上10種目）男子のみ
- 七種競技（陸上7種目）女子のみ

水泳

競泳
- 自由形…50／100／200／400／800／1,500メートル
- 背泳ぎ…100／200メートル
- 平泳ぎ…100／200メートル
- バタフライ…100／200メートル
- 個人メドレー…200／400メートル
- 自由形リレー…4人×100／4人×200メートル
- メドレーリレー…4人×100メートル

飛び込み
- 3メートル飛板飛び込み
- 10メートル高飛び込み
- シンクロナイズドダイビング（2人1組）…3メートル飛板飛込み, 10メートル高飛込み

シンクロナイズドスイミング 女子のみ
- チーム（8人）
- デュエット（2人）

水球
- チーム（7人）

オープンウォータースイミング
- 10キロメートル

体操

体操競技
- ゆか
- 跳馬
- 鞍馬… 男子のみ
- 平行棒… 男子のみ
- 鉄棒… 男子のみ
- つり輪… 男子のみ
- 平均台… 女子のみ
- 段違い平行棒… 女子のみ
- 個人総合
- 団体

新体操 女子のみ
- 個人総合
- 団体

トランポリン
- 個人

レスリング

グレコローマンスタイル 男子のみ
- 59キロ級，66キロ級，75キロ級，85キロ級，98キロ級，130キロ級

フリースタイル
- 男子 57キロ級，65キロ級，74キロ級，86キロ級，97キロ級，125キロ級
- 女子 48キロ級，53キロ級，58キロ級，63キロ級，69キロ級，75キロ級

テニス
- シングルス
- ダブルス
- 混合ダブルス

自転車

トラックレース
- スプリント
- チームスプリント（男子は3人，女子は2人）
- チームパシュート（4人）
- ケイリン
- オムニアム

ロードレース
- ロードレース
- ロード個人タイムトライアル

マウンテンバイク
- クロスカントリー

BMX
- レーシング

フェンシング
- エペ個人・団体
- フルーレ個人
- フルーレ男子団体
- サーブル個人
- サーブル団体 女子のみ

バドミントン
- シングルス
- ダブルス
- 混合ダブルス

卓球
- シングルス
- 団体

※競技種目は，夏季大会は第32回リオデジャネイロ大会，冬季大会は第23回平昌大会を元にしています（第32回東京大会で追加されるものを除く）。

第2章 オリンピックにまつわる基礎知識〜資料編〜

射撃

ライフル射撃

- 25メートルラピッドファイヤーピストル 男子のみ
- 50メートルピストル 男子のみ
- 25メートルピストル 女子のみ
- 10メートルエアピストル
- 50メートルライフル3姿勢
- 50メートルライフル伏射 男子のみ
- 10メートルエアライフル

クレー射撃

- トラップ
- スキート
- ダブル・トラップ 男子のみ

馬術

- 馬場馬術個人
- 馬場馬術団体
- 障害飛越個人
- 障害飛越団体
- 総合馬術個人
- 総合馬術団体

アーチェリー

- 個人総合
- 団体

近代五種

- フェンシング＋水泳＋馬術＋コンバインド(射撃＋ランニング)

トライアスロン

- 個人（スイム＋バイク＋ラン）

ウエイトリフティング

- 男子 56キロ級，62キロ級，69キロ級，77キロ級，85キロ級，94キロ級，105キロ級，105キロ超級
- 女子 48キロ級，53キロ級，58キロ級，63キロ級，69キロ級，75キロ級，75キロ超級

ボクシング

- 男子 ライトフライ49キロ級，フライ52キロ級，バンタム56キロ級，ライト60キロ級，ライトウェルター64キロ級，ウェルター69キロ級，ミドル75キロ級，ライトヘビー81キロ級、ヘビー91キロ級，スーパーヘビー91キロ超級
- 女子 フライ51キロ級，ライト 60キロ級，ミドル75キロ級

柔道

- 男子 60キロ級，66キロ級，73キロ級，81キロ級，90キロ級，100キロ級，100キロ超級
- 女子 48キロ級，52キロ級，57キロ級，63キロ級，70キロ級，78キロ級，78キロ超級

テコンドー

- 男子 58キロ級，68キロ級，80キロ級，80キロ超級
- 女子 49キロ級，57キロ級，67キロ級，67キロ超級

太い枠は，2020 年の東京大会でとり入れられる競技です。

野球・ソフトボール

- 男子 野球
- 女子 ソフトボール

空手

組手競技
- 男女各 3 階級の予定

形競技
- 個人（階級制なし）

ホッケー

- チーム（11 人）

サッカー

- チーム（11 人）

バスケットボール

- チーム（5 人）
- チーム（3 人）

ハンドボール

- チーム（7 人）

ボート

- シングルスカル
- ダブルスカル
- クォドルプルスカル
- 舵なしペア
- エイト
- 軽量級ダブルスカル
- 舵なしフォア、
  軽量級舵なしフォア 男子のみ

バレーボール

バレーボール
- チーム（6 人）

ビーチバレーボール
- チーム（2 人）

セーリング

- 470 級
- RS：X
- 49er 級
- フィン級，レーザー級 男子のみ
- レーザーラジアル級 女子のみ
- フォイリングナクラ 17 級 混合

カヌー

スプリント

- 男子 カヤックシングル 200 ／ 1,000 メートル，カヤックペア 200 ／ 1,000 メートル，カヤックフォア 1,000 メートル，カナディアンシングル 200 ／ 1,000 メートル，カナディアンペア 1,000 メートル
- 女子 カヤックシングル 200 ／ 500 メートル，カヤックペア 500 メートル，カヤックフォア 500 メートル

スラローム

- カヤックシングル
- カナディアンシングル／ペア 男子のみ

現在行われている公式競技と種目

第2章 オリンピックにまつわる基礎知識〜資料編〜

ラグビー
- チーム（7人）

スポーツクライミング
- 複合（ボルダリング＋リード＋スピード）の予定

サーフィン
- ショートボード

ゴルフ
- 個人

スケートボード

パーク
- 個人

ストリート
- 個人

冬季オリンピックの公式競技と種目

スキー

アルペン
- 回転
- 大回転
- スーパーG
- 滑降
- 複合（回転＋滑降）
- 混合団体（男女各2人）

クロスカントリー
- フリー（男子15／女子10キロメートル）
- マススタートクラシック（男子50／女子30キロメートル）
- リレー（男子4×10／女子4×5キロメートル）
- スプリントクラシック
- ダブルパシュート
- チームスプリントフリー（2人）

ジャンプ
- ノーマルヒル
- ラージヒル 男子のみ
- ラージヒル団体（4人） 男子のみ

ノルディック複合 男子のみ
- ノーマルヒル
- ラージヒル
- ラージヒル団体

フリースタイル
- モーグル
- エアリアル
- スキークロス
- ハーフパイプ
- スロープスタイル

スノーボード
- ハーフパイプ
- パラレル大回転
- スノーボードクロス
- スロープスタイル
- ビッグエア

スケート

スピードスケート
- 500 メートル
- 1,000 メートル
- 1,500 メートル
- 3,000 メートル 女子のみ
- 5,000 メートル
- 10,000 メートル 男子のみ
- マススタート
- チームパシュート（3 人）

フィギュアスケート
- シングル
- ペア混合
- アイスダンス混合
- 団体（男女シングル＋ペア＋アイスダンス）

ショートトラック
- 500 メートル
- 1,000 メートル
- 1,500 メートル
- リレー（4 人，男子 5,000 ／女子 3,000 メートル）

バイアスロン
- 20 キロメートル 男子のみ
- 15 キロメートル 女子のみ
- スプリント（男子 10 ／女子 7.5 キロメートル）
- マススタート（男子 15 ／女子 12.5 キロメートル）
- パシュート（男子 12.5 ／女子 10 キロメートル）
- リレー（男子 4×7.5 ／女子 4×6 キロメートル）
- 混合リレー

ボブスレー

ボブスレー
- 2 人乗り
- 4 人乗り 男子のみ

スケルトン
- 1 人乗り

リュージュ
- 1 人乗り
- 2 人乗り 男子のみ
- チームリレー（1 人乗り＋2 人乗り）

カーリング
- チーム（4 人）
- 混合ダブルス

アイスホッケー
- チーム（6 人）

マススタートは，何十人もの選手がいっせいにスタートし，長い距離を競う方式で，マラソンやバイアスロンなどでもとり入れられているんじゃ。

注：チーム種目では，示された人数以外にも入れ替えで出場する選手がいる種目もあります。

第 2 章　オリンピックにまつわる基礎知識〜資料編〜

11 聖火とさまざまなトーチ

太陽の光で火を灯す

　オリンピックの「聖火」とは，ギリシャのオリンピア山において，太陽の光をあつめて灯される火のことです。オリンピックのシンボル的存在であり，オリンピックの開催期間中，メイン競技場で灯され続けます。

　聖火の起源は古く，ギリシャ神話に登場するプロメテウスがゼウスの元から火を盗んで人類に伝えたことを記念して，古代オリンピックの開催期間中火が灯されていたことに基づくといわれています。

　また，聖火と聞くと「聖火リレー」を思い浮かべる人も多いでしょう。聖火リレーは，1936年に開催された第11回ベルリン大会（ドイツ）で初めて導入されました。これは聖火がオリンポス山で灯されたあと，トーチ（火を灯す"松明"のこと）に聖火を移しながら，人々（聖火ランナー）がトーチ伝いに聖火をオリンピックの開催地まで届けるリレーを意味します。

ベルリン大会の聖火，街中で灯されているのがわかる
（Wikimedia Commons）

第28回 2004年 アテネ大会の聖火
（Wikimedia Commons）

　ちなみに，冬季オリンピックにおける聖火の採火地（火を灯す場所）については，ギリシャのオリンピアではなく，ノルウェーにあるスキースポーツの開拓者ソンドレ・ノルハイムが生まれた家の暖炉で行われることもあります。

さまざまなトーチを見てみよう

聖火をオリンピックのメイン競技場まで届ける「トーチ」をいくつか見てみましょう。右の写真は、第17回ローマ大会（1960年、イタリア）で使われたトーチです。シンプルなつくりで、これを手に走る聖火ランナーのイメージがしやすいでしょう。

第23回ロサンゼルス大会（1984年、アメリカ）では、金色に輝くゴージャスなトーチが使われ、強く世界をリードする国の象徴となるようなトーチとなりました。また、このロサンゼルス大会の開会式で話題を集めたのが、空中を飛んで移動するためのロケットを背負ったロケットマンの登場です。スタジアムの上部から飛び立ったロケットマンが競技場に舞い降りるという、SFの世界が現実のものとなったかのような光景は、新しい時代を感じさせる演出となりました。

ローマ大会のトーチ
（Wikimedia Commons）

ロケットマンは、当時の子どもたちのあこがれになったんじゃ！

ロサンゼルス大会のトーチ

ロケットマン（右）（Wikimedia Commons）

第2章 オリンピックにまつわる基礎知識〜資料編〜

1992年の第25回バルセロナ大会（スペイン）では，右の写真のような少し変わった形のトーチが使われました。正式（せいしき）なコメントが出されたわけではありませんが，このトーチは先端（せんたん）が弓矢（ゆみや）の矢のようになっています。この大会では，トーチを手にした人が直接，聖火台へ点火するのではなく，アーチェリーのアントニオ・レボジョ選手が弓を使って，70メートルも先にある聖火台に火矢（ひや）を放（はな）ち点火するという演出（えんしゅつ）が話題（わだい）となりました。このトーチの形は，この演出を踏まえたつくりになっているのでしょう。

第28回アテネ大会（2004年，ギリシャ）や，第31回リオデジャネイロ大会（2016年，ブラジル）になると，トーチのデザインも近代的（きんだいてき）で，スタイリッシュなものへとなっています。

バルセロナ大会のトーチ
（Wikimedia Commons）

東京オリンピックのトーチが，どのようなものになるか，今から楽しみじゃ！

 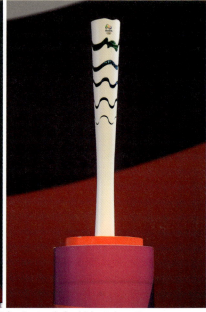

アテネ大会（左）とリオデジャネイロ大会（右）のトーチ

✳✳✳ パラリンピックについて ✳✳✳

　オリンピック大会が終わると，オリンピックを開催した都市で障がいのある人たちがスポーツで競い合うパラリンピック大会が開かれます。障がいがあっても全力をつくす姿は，オリンピック選手と変わりありません。パラリンピックのモットーは「**スピリット・イン・モーション（Spirit in Motion）**」であり，つねに前進する気持ちを表しています。

　パラリンピックの第1回大会は1960年にローマ（イタリア）で行われ，23か国から400人もの選手が参加しました。2000年の第11回シドニー大会（オーストラリア）のときから，ＩＯＣとＩＰＣ（国際パラリンピック委員会）が，「オリンピック終了後にパラリンピックを開く」ことに合意し，協力していくことになりました。第15回リオデジャネイロ大会では，159か国4,316人まで参加選手が増えています。

（Wikimedia Commons）

ボッチャ
オリンピックにはない，パラリンピックだけの競技です。白いボールに色つきのボールをどれだけ近づけるかを競います。

　第1回大会では，「国際ストーク・マンデビル大会」と呼ばれていたんじゃ。「ストーク・マンデビル」とは，ロンドン郊外にあった病院の名前で，1948年に車いすの患者によるアーチェリー大会が行われていたそうじゃ。「パラリンピック」と呼ばれるようになったのは，1988年のソウル大会からじゃよ。

129

第2章　オリンピックにまつわる基礎知識〜資料編〜

12 日本人メダリストの一覧

　最後に，日本人メダリストの一覧を紹介します。みなさんが知っている選手はどのくらいいるでしょうか。

◆原則として，「金・銀・銅メダル」→「選手名」→「競技名」の順序，かつ，夏季大会についての「競技名」は，陸上競技（トラック）→水泳→その他（レスリング等の室内競技，球技等）の順序で掲載しています。

夏季大会		
第7回アントワープ夏季大会　1920年		
銀	熊谷一弥	テニス男子シングルス
銀	熊谷一弥 柏尾誠一郎	テニス男子ダブルス
第8回パリ夏季大会　1924年		
銅	内藤克俊	レスリング男子フリースタイルフェザー級
第9回アムステルダム夏季大会　1928年		
金	織田幹雄	陸上競技男子三段跳
銀	人見絹枝	陸上競技女子800m
金	鶴田義行	水泳男子200m平泳ぎ
銀	新井信男 佐田徳平 高石勝男 米山弘	水泳800mリレー
銅	高石勝男	水泳男子100m自由形
第10回ロサンゼルス夏季大会1932年		
金	南部忠平	陸上競技男子三段跳
銅	大島鎌吉	
銀	西田修平	陸上競技男子棒高跳
銅	南部忠平	陸上競技男子走幅跳
金	宮崎康二	水泳男子100m自由形
銀	河石達吾	
金	北村久寿雄	水泳男子1,500m自由形
銀	牧野正蔵	
金	清川正二	水泳男子100m背泳ぎ
銀	入江稔夫	
銅	河津憲太郎	
金	鶴田義行	水泳男子200m平泳ぎ
銀	小池禮三	

金	豊田久吉 宮崎康二 遊佐正憲 横山隆志	水泳男子800mリレー
銅	大横田勉	水泳男子400m自由形
銀	前畑秀子	水泳女子200m平泳ぎ
銀	浅川増幸 猪原淳三 宇佐美敏夫 小西健一 小林定義 今治彦 酒井義雄 柴田勝巳 左右田秋雄 永田寛 中村英一 浜田駿吉 三浦四郎	男子ホッケー
金	西竹一	馬術障害飛越
第11回ベルリン夏季大会　1936年		
金	田島直人	陸上競技男子三段跳
銀	原田正夫	
金	孫基禎	陸上競技男子マラソン
銅	南昇竜	
銀	西田修平	陸上競技男子棒高跳
銅	大江季雄	
銅	田島直人	陸上競技男子走幅跳
金	寺田登	水泳男子1,500m自由形
銅	鵜藤俊平	
銀	遊佐正憲	水泳男子100m自由形
銅	新井茂雄	
銀	鵜藤俊平	水泳男子400m自由形
銅	牧野正蔵	

金	葉室鐵夫	水泳男子 200m 平泳ぎ
銅	小池禮三	
金	新井茂雄 杉浦重雄 田口正治 遊佐正憲	水泳男子 800m リレー
金	前畑秀子	水泳女子 200m 平泳ぎ
銅	清川正二	水泳男子 100m 背泳ぎ
銅	藤田隆治	芸術競技・絵画
銅	鈴木朱雀	芸術競技・水彩
第 15 回ヘルシンキ夏季大会　1952 年		
銀	鈴木弘	水泳男子 100m 自由形
銀	橋爪四郎	水泳男子 1,500m 自由形
銀	後藤暢 鈴木弘 谷川禎次郎 浜口喜博	水泳男子 800m リレー
金	石井庄八	レスリング男子フリースタイルバンタム級
銀	北野祐秀	レスリング男子フリースタイルフライ級
銀	上迫忠夫	体操男子徒手
銀	竹本正男	体操男子跳馬
銅	上迫忠夫	
銅	小野喬	
第 16 回メルボルン夏季大会　1956 年		
金	古川勝	水泳男子 200m 平泳ぎ
銀	吉村昌弘	
銀	山中毅	水泳男子 400m 自由形
銀	山中毅	水泳男子 1,500m 自由形
銀	石本隆	水泳男子 200m バタフライ
金	小野喬	体操男子鉄棒
銅	竹本正男	
銀	小野喬	体操男子個人総合
銀	小野喬 竹本正男 河野昭 相原信行 塚脇伸作 久保田正躬	体操男子団体
銀	相原信行	体操男子徒手
銀	小野喬	体操男子あん馬
銅	久保田正躬	体操男子つり輪
銅	竹本正男	

銀	久保田正躬	体操男子平行棒
銅	小野喬	
銅	竹本正男	
金	池田三男	レスリング男子フリースタイルウエルター級
金	笹原正三	レスリング男子フリースタイルフェザー級
銀	笠原茂	レスリング男子フリースタイルライト級
第 17 回ローマ夏季大会　1960 年		
銀	山中毅	水泳男子 400m 自由形
銀	大崎剛彦	水泳男子 200m 平泳ぎ
銀	福井誠 石井宏 山中毅 藤本達夫	水泳男子 800m リレー
銅	富田一雄 大崎剛彦 開田幸一 清水啓吾	水泳男子 400m メドレーリレー
銅	田中聡子	水泳女子 100m 背泳ぎ
銅	田辺清	ボクシング男子フライ級
金	竹本正男 小野喬 相原信行 遠藤幸雄 三栗崇 鶴見修治	体操男子団体
金	小野喬	体操男子跳馬
金	小野喬	体操男子鉄棒
銀	竹本正男	
金	相原信行	体操男子徒手
銀	小野喬	体操男子個人総合
銅	鶴見修治	体操男子あん馬
銅	小野喬	体操男子平行棒
銅	小野喬	体操男子つり輪
銀	松原正之	レスリング男子フリースタイルフライ級
銀	三宅義信	ウエイトリフティングバンタム級
銅	吉川貴久	射撃男子フリーピストル
第 18 回東京夏季大会　1964 年		
銅	円谷幸吉	陸上競技男子マラソン
銅	福井誠 岩崎邦宏 庄司敏夫 岡部幸明	水泳男子 800m 自由形リレー

（第 18 回東京大会は次ページに続く）

金	桜井孝雄	ボクシング男子バンタム級
金	河西昌枝 宮本恵美子 谷田絹子 半田百合子 松村好子 磯部サダ 松村勝美 篠崎洋子 佐々木節子 藤本佑子 近藤雅子 渋木綾乃	バレーボール女子
銅	出町豊 小山勉 菅原貞敬 池田尚弘 佐藤安孝 小瀬戸俊昭 南将之 森山輝久 猫田勝敏 樋口時彦 德富斌 中村裕造	バレーボール男子
金	遠藤幸雄	体操男子個人総合
銀	鶴見修治	
金	小野喬 遠藤幸雄 鶴見修治 山下治広 早田卓次 三栗崇	体操男子団体
金	早田卓次	体操男子つり輪
金	山下治広	体操男子跳馬
金	遠藤幸雄	体操男子平行棒
銀	鶴見修治	
銀	遠藤幸雄	体操男子ゆか運動
銀	鶴見修治	体操男子あん馬
銅	池田敬子 相原俊子 小野清子 中村多仁子 辻宏子 千葉吟子	体操女子団体
金	市口政光	レスリング男子グレコローマンスタイルバンタム級
金	花原勉	レスリング男子グレコローマンスタイルフライ級
金	渡辺長武	レスリング男子フリースタイルフェザー級

金	上武洋次郎	レスリング男子フリースタイルバンタム級
金	吉田義勝	レスリング男子フリースタイルフライ級
銅	堀内岩雄	レスリング男子フリースタイルライト級
金	三宅義信	ウエイトリフティング男子フェザー級
銅	一ノ関史郎	ウエイトリフティング男子バンタム級
銅	大内仁	ウエイトリフティング男子ミドル級
金	猪熊功	柔道男子重量級
金	岡野功	柔道男子中量級
金	中谷雄英	柔道男子軽量級
銀	神永昭夫	柔道男子無差別級
銅	吉川貴久	射撃男子フリーピストル
第19回メキシコシティ夏季大会　1968年		
銀	君原健二	陸上競技男子マラソン
金	加藤沢男	体操男子個人総合
銅	中山彰規	
金	加藤武司 中山彰規 加藤沢男 塚原光男 監物永三 遠藤幸雄	体操男子団体
金	加藤沢男	体操男子床運動
銀	中山彰規	
銅	加藤武司	
金	中山彰規	体操男子つり輪
銅	加藤沢男	
金	中山彰規	体操男子平行棒
金	中山彰規	体操男子鉄棒
銅	監物永三	
銀	遠藤幸雄	体操男子跳馬
金	宗村宗二	レスリング男子グレコローマンスタイルライト級
銀	藤本英男	レスリング男子グレコローマンスタイルフェザー級
金	金子正明	レスリング男子フリースタイルフェザー級
金	上武洋次郎	レスリング男子フリースタイルバンタム級
金	中田茂男	レスリング男子フリースタイルフライ級

金	三宅義信	ウエイトリフティング男子フェザー級
銅	三宅義行	
銀	大内仁	ウエイトリフティング男子ミドル級
銀	高山鈴江 吉田節子 岩原豊子 笠原洋子 小野沢愛子 小島由紀代 福中佐知子 宍倉邦枝 井上節子 生沼スミエ 古川牧子 浜恵子	バレーボール女子
銀	池田尚弘 大古誠司 猫田勝敏 南将之 白神守 嶋岡健治 森田淳悟 佐藤哲夫 三森泰明 小泉勲 木村憲治 横田忠義	バレーボール男子
銅	横山謙三 浜崎昌弘 鎌田光夫 宮本征勝 鈴木良三 片山洋 富沢清司 山口芳忠 森孝慈 八重樫茂生 宮本輝紀 小城得達 湯口栄蔵 渡辺正 杉山隆一 松本育夫 桑原楽之 釜本邦茂	サッカー男子
銅	森岡栄治	ボクシング男子バンタム級
第20回ミュンヘン夏季大会　1972年		
金	田口信教	水泳男子100m平泳ぎ
金	青木まゆみ	水泳女子100mバタフライ
銅	田口信教	水泳男子200m平泳ぎ

金	加藤沢男	体操男子個人総合
銀	監物永三	
銅	中山彰規	
金	加藤沢男 中山彰規 塚原光男 監物永三 笠松茂 岡村輝一	体操男子団体
金	中山彰規	体操男子つり輪
銅	塚原光男	
金	加藤沢男	体操男子平行棒
銀	笠松茂	
銅	監物永三	
銀	中山彰規	体操男子床運動
銅	笠松茂	
銀	加藤沢男	体操男子あん馬
銅	監物永三	
金	塚原光男	体操男子鉄棒
銀	加藤沢男	
銅	笠松茂	
金	柳田英明	レスリング男子フリースタイル57kg級
金	加藤喜代美	レスリング男子フリースタイル52kg級
銀	和田喜久夫	レスリング男子フリースタイル68kg級
銀	平山紘一郎	レスリング男子グレコローマンスタイル52kg級
金	関根忍	柔道男子中量級
金	野村豊和	柔道男子軽中量級
金	川口孝夫	柔道男子軽量級
銅	西村昌樹	柔道男子重量級
金	中村祐造 南将之 猫田勝敏 木村憲治 野口泰弘 森田淳悟 横田忠義 大古誠司 佐藤哲夫 嶋岡健治 深尾吉英 西本哲雄	バレーボール男子

（第20回ミュンヘン大会は次ページに続く）

第2章 オリンピックにまつわる基礎知識〜資料編〜

メダル	選手	種目
銀	松村勝美 山下規子 岩原豊子 飯田高子 生沼スミエ 浜恵子 古川牧子 島影せい子 山崎八重子 塩川美知子 白井貴子 岡本真理子	バレーボール女子

第21回モントリオール夏季大会　1976年

メダル	選手	種目
金	加藤沢男 塚原光男 監物永三 梶山広司 藤本俊 五十嵐久人	体操男子団体
金	加藤沢男	体操男子平行棒
銅	塚原光男	
金	塚原光男	体操男子鉄棒
銀	監物永三	
銀	加藤沢男	体操男子個人総合
銅	塚原光男	
銀	監物永三	体操男子あん馬
銀	塚原光男	体操男子跳馬
銅	梶山広司	
金	飯田高子 岡本真理子 前田悦智子 白井貴子 加藤きよみ 荒木田裕子 金坂克子 吉田真理子 高柳昌子 松田紀子 矢野広美 横山樹理	バレーボール女子
金	上村春樹	柔道男子無差別級
金	二宮和弘	柔道男子軽重量級
金	園田勇	柔道男子中量級
銀	蔵本孝二	柔道男子軽中量級
銅	遠藤純男	柔道男子重量級
銀	道永宏	アーチェリー男子
金	伊達治一郎	レスリング男子フリースタイル74kg級
金	高田裕司	レスリング男子フリースタイル52kg級

メダル	選手	種目
銅	菅原弥三郎	レスリング男子フリースタイル68kg級
銅	荒井政雄	レスリング男子フリースタイル57kg級
銅	工藤章	レスリング男子フリースタイル48kg級
銅	平山紘一郎	レスリング男子グレコローマンスタイル52kg級
銅	平井一正	ウエイトリフティング男子フェザー級
銅	安藤謙吉	ウエイトリフティング男子バンタム級

第23回ロサンゼルス夏季大会　1984年

メダル	選手	種目
金	具志堅幸司	体操男子個人総合
金	具志堅幸司	体操男子つり輪
金	森末慎二	体操男子鉄棒
銅	具志堅幸司	
銀	梶谷信之	体操男子平行棒
銀	具志堅幸司	体操男子跳馬
銀	森末慎二	
銅	外村康二	体操男子ゆか運動
銅	梶谷信之 山脇恭二 平田倫教 具志堅幸司 外村康二 森末慎二	体操男子団体
金	富山英明	レスリング男子フリースタイル57kg級
銀	太田章	レスリング男子フリースタイル90kg級
銀	長島偉之	レスリング男子フリースタイル82kg級
銀	赤石光生	レスリング男子フリースタイル62kg級
銀	入江隆	レスリング男子フリースタイル48kg級
銅	高田裕司	レスリング男子フリースタイル52kg級
金	宮原厚次	レスリング男子グレコローマンスタイル52kg級
銀	江藤正基	レスリング男子グレコローマンスタイル57kg級
銅	斎藤育造	レスリング男子グレコローマンスタイル48kg級
銅	元好三和子	シンクロナイズドスイミングソロ
銅	木村さえ子 元好三和子	シンクロナイズドスイミングデュエット

銅	江上由美 三屋裕子 石田京子 杉山加代子 宮島恵子 中田久美 森田貴美枝 広瀬美代子 廣紀江 大谷佐知子 小高笑子 利部陽子	バレーボール女子
銅	砂岡良治	ウエイトリフティング男子82.5kg級
銅	小高正宏	ウエイトリフティング男子56kg級
銅	真鍋和人	ウエイトリフティング男子52kg級
銅	坂本勉	自転車男子スプリント
金	山下泰裕	柔道男子無差別級
金	斉藤仁	柔道男子95kg超級
金	松岡義之	柔道男子65kg以下級
金	細川伸二	柔道男子60kg以下級
銅	野瀬清喜	柔道男子86kg以下級
金	蒲池猛夫	ライフル射撃男子ラピッドファイアーピストル
銅	山本博	アーチェリー男子
第24回ソウル夏季大会　1988年		
金	鈴木大地	水泳男子100m背泳ぎ
銅	小谷実可子	シンクロナイズドスイミングソロ
銅	小谷実可子 田中京	シンクロナイズドスイミングデュエット
銅	水島宏一 小西裕之 山田隆弘 佐藤寿治 西川大輔 池谷幸雄	体操男子団体
銅	池谷幸雄	体操男子床運動
金	佐藤満	レスリング男子フリースタイル52kg級
金	小林孝至	レスリング男子フリースタイル48kg級
銀	太田章	レスリング男子フリースタイル90kg級
銀	宮原厚次	レスリング男子グレコローマンスタイル52kg級
金	斉藤仁	柔道男子95kg超級
銅	大迫明伸	柔道男子86kg以下級

銅	山本洋祐	柔道男子65kg以下級
銅	細川伸二	柔道男子60kg以下級
銀	長谷川智子	ライフル射撃女子スポーツピストル
第25回バルセロナ夏季大会　1992年		
銀	森下広一	陸上競技男子マラソン
銀	有森裕子	陸上競技女子マラソン
金	岩崎恭子	水泳女子200m平泳ぎ
銅	奥野史子	シンクロナイズドスイミングソロ
銅	奥野史子 高山亜樹	シンクロナイズドスイミングデュエット
銀	池谷幸雄	体操男子ゆか運動
銅	松永政行	体操男子平行棒
銅	西川大輔 池谷幸雄 知念孝 畠田好章 松永政行 相原豊	体操男子団体
銅	赤石光生	レスリング男子フリースタイル68kg級
金	吉田秀彦	柔道男子78kg以下級
金	古賀稔彦	柔道男子71kg以下級
銀	小川直也	柔道男子95kg超級
銅	岡田弘隆	柔道男子86kg以下級
銅	越野忠則	柔道男子60kg以下級
銀	田辺陽子	柔道女子72kg超級
銀	溝口紀子	柔道女子52kg以下級
銀	田村亮子	柔道女子48kg以下級
銅	坂上洋子	柔道女子72kg超級
銅	立野千代里	柔道女子56kg以下級
銀	渡辺和三	射撃男子クレーオープントラップ
銅	木場良平	射撃50mフリーライフル
銅	渡部勝美 西正文 杉浦正則 大島公一 西山一宇 若林重喜 中本浩 杉山賢人 徳永耕治 十河章浩 伊藤智仁 小島啓民 佐藤康弘 坂口裕之	野球

（第25回バルセロナ大会は次ページに続く）

	高見泰範 佐藤真一 三輪隆 小久保裕紀 小桧山雅仁 川畑伸一郎	
第26回アトランタ夏季大会　1996年		
銅	有森裕子	陸上競技女子マラソン
金	中村兼三	柔道男子71kg級
金	野村忠宏	柔道男子60kg級
銀	古賀稔彦	柔道男子78kg級
銀	中村行成	柔道男子65kg級
金	恵本裕子	柔道女子61kg級
銀	田辺陽子	柔道女子72kg級
銀	田村亮子	柔道女子48kg級
銅	菅原教子	柔道女子52kg級
銀	森昌彦 木村重太郎 森中聖雄 小野仁 黒須隆 野島正弘 今岡誠 福留孝介 高林孝行 西郷泰之 杉浦正則 川村丈夫 三澤興一 大久保秀昭 桑元孝雄 松中信彦 井口忠仁 中村大伸 佐藤友昭 谷佳知	野球
銀	重由美子 木下百合江 アリーシア	ヨット女子470級
銅	十文字貴信	自転車男子1kmタイムトライアル
銅	太田拓弥	レスリング男子フリースタイル74kg級
銅	立花美哉 神保れい 高橋馨 田中順子 河邉美穂 川瀬晶子 武田美保 藤井来夏	水泳・シンクロナイズドスイミングチーム

	中島理帆 藤木麻祐子	
第27回シドニー夏季大会　2000年		
金	高橋尚子	陸上競技女子マラソン
銀	田島寧子	水泳・競泳女子400m個人メドレー
銀	中村真衣	水泳・競泳女子100m背泳ぎ
銀	立花美哉 武田美保	水泳・シンクロナイズドスイミングデュエット
銀	立花美哉 武田美保 藤井来夏 神保れい 米田祐子 磯田陽子 江上綾乃	水泳・シンクロナイズドスイミングチーム
銅	中村真衣 田中雅美 大西順子 源純夏	水泳・競泳女子4×100mメドレーリレー
銅	中尾美樹	水泳・競泳女子200m背泳ぎ
金	井上康生	柔道男子100kg級
金	瀧本誠	柔道男子81kg級
金	野村忠宏	柔道男子60kg級
銀	篠原信一	柔道男子100kg超級
金	田村亮子	柔道女子48kg級
銀	楢崎教子	柔道女子52kg級
銅	山下まゆみ	柔道女子78kg超級
銅	日下部基栄	柔道女子57kg級
銀	永田克彦	レスリング男子グレコローマンスタイル69kg級
銀	石川多映子 田本博子 斎藤春香 増淵まり子 藤井由宮子 山田美葉 伊藤良恵 松本直美 宇津木麗華 小林良美 小関しおり 高山樹里 内藤恵美 安藤美佐子 山路典子	ソフトボール
銅	岡本依子	テコンドー女子67kg級
第28回アテネ夏季大会　2004年		
金	室伏広治	陸上競技男子ハンマー投げ

金	野口みずき	陸上競技女子マラソン
金	北島康介	水泳・競泳男子200m平泳ぎ
金	北島康介	水泳・競泳男子100m平泳ぎ
銀	山本貴司	水泳・競泳男子200mバタフライ
銅	森田智己	水泳・競泳男子100m背泳ぎ
銅	森田智己 北島康介 山本貴司 奥村幸大	水泳・競泳男子4×100mメドレーリレー
金	柴田亜衣	水泳・競泳女子800m自由形
銅	中村礼子	水泳・競泳女子200m背泳ぎ
銅	中西悠子	水泳・競泳女子200mバタフライ
銀	立花美哉 武田美保	水泳・シンクロナイズドスイミングシンクロデュエット
銀	立花美哉 武田美保 巽樹理 原田早穂 鈴木絵美子 藤丸真世 米田容子 川嶋奈緒子 北尾佳奈子	水泳・シンクロナイズドスイミングシンクロチーム
金	米田功 冨田洋之 水鳥寿思 塚原直也 鹿島丈博 中野大輔	体操・体操競技男子団体
銀	冨田洋之	体操・体操競技男子平行棒
銅	鹿島丈博	体操・体操競技男子あん馬
銅	米田功	体操・体操競技男子鉄棒
金	伊調馨	レスリング女子フリースタイル63kg級
金	吉田沙保里	レスリング女子フリースタイル55kg級
銀	伊調千春	レスリング女子フリースタイル48kg級
銅	浜口京子	レスリング女子フリースタイル72kg級
銅	井上謙二	レスリング男子フリースタイル60kg級
銅	田南部力	レスリング男子フリースタイル55kg級
金	鈴木桂治	柔道男子100kg超級
金	内柴正人	柔道男子66kg級
金	野村忠宏	柔道男子60kg級
銀	泉浩	柔道男子90kg級
金	塚田真希	柔道女子78kg超級
金	阿武教子	柔道女子78kg級
金	上野雅恵	柔道女子70kg級
金	谷本歩実	柔道女子63kg級
金	谷亮子	柔道女子48kg級
銀	横澤由貴	柔道女子52kg級
銀	伏見俊昭 長塚智広 井上昌己	自転車男子チームスプリント
銅	関一人 轟賢二郎	セーリング男子470級
銀	山本博	アーチェリー男子個人
銅	三浦大輔 小林雅英 岩瀬仁紀 黒田博樹 上原浩治 清水直行 石井弘寿 安藤優也 松坂大輔 和田毅 岩隈久志 城島健司 相川亮二 宮本慎也 木村拓也 中村紀洋 小笠原道大 金子誠 藤本敦士 和田一浩 村松有人 谷佳知 高橋由伸 福留孝介	野球
銅	宇津木麗華 坂本直子 乾絵美 上野由岐子 伊藤良恵 岩淵有美 三科真澄 高山樹里 内藤恵美 佐藤由希 佐藤理恵 坂井寛子 斎藤春香 山田恵里 山路典子	ソフトボール

第29回北京夏季大会　2008年

メダル	選手	競技
銅	塚原直貴 末續慎吾 髙平慎士 朝原宣治	陸上競技男子4×100mリレー
金	北島康介	水泳・競泳男子200m平泳ぎ
金	北島康介	水泳・競泳男子100m平泳ぎ
銅	松田丈志	水泳・競泳男子200mバタフライ
銅	宮下純一 北島康介 藤井拓郎 佐藤久佳	水泳・競泳男子4×100mメドレーリレー
銅	中村礼子	水泳・競泳女子200m背泳ぎ
銅	原田早穂 鈴木絵美子	水泳・シンクロナイズドスイミングデュエット
金	伊調馨	レスリング女子フリースタイル63kg級
金	吉田沙保里	レスリング女子フリースタイル55kg級
銀	松永共広	レスリング男子フリースタイル55kg級
銀	湯元健一	レスリング男子フリースタイル60kg級
銀	伊調千春	レスリング女子フリースタイル48kg級
銅	浜口京子	レスリング女子フリースタイル72kg級
金	石井慧	柔道男子100kg超級
金	内柴正人	柔道男子66kg級
金	上野雅恵	柔道女子70kg級
金	谷本歩実	柔道女子63kg級
銀	塚田真希	柔道女子78kg超級
銅	谷亮子	柔道女子48kg級
銅	中村美里	柔道女子52kg級
金	上野由岐子 江本奈穂 坂井寛子 染谷美佳 乾絵美 峰幸代 伊藤幸子 佐藤理恵 藤本索子 西山麗 廣瀬芽 三科真澄 狩野亜由美 馬渕智子 山田恵里	ソフトボール
銀	太田雄貴	フェンシング男子フルーレ個人
銀	内村航平	体操・体操競技男子個人総合
銀	冨田洋之 内村航平 坂本功貴 鹿島丈博 沖口誠 中瀬卓也	体操・体操競技男子団体
銅	永井清史	自転車男子ケイリン

第30回ロンドン夏季大会　2012年

メダル	選手	競技
銅	室伏広治	陸上競技男子ハンマー投げ
銀	入江陵介	水泳・競泳男子200m背泳ぎ
銀	入江陵介 北島康介 松田丈志 藤井拓郎	水泳・競泳男子4×100mメドレーリレー
銅	萩野公介	水泳・競泳男子400m個人メドレー
銅	入江陵介	水泳・競泳男子100m背泳ぎ
銅	松田丈志	水泳・競泳男子200mバタフライ
銀	鈴木聡美	水泳・競泳女子200m平泳ぎ
銅	寺川綾	水泳・競泳女子100m背泳ぎ
銅	鈴木聡美	水泳・競泳女子100m平泳ぎ
銅	立石諒	水泳・競泳男子200m平泳ぎ
銅	星奈津美	水泳・競泳女子200mバタフライ
銅	寺川綾 鈴木聡美 加藤ゆか 上田春佳	水泳・競泳女子4×100mメドレーリレー
金	村田諒太	ボクシング男子ミドル75kg級
銅	清水聡	ボクシング男子バンタム56kg級
金	内村航平	体操・体操競技男子個人総合
銀	加藤凌平 田中和仁 田中佑典 内村航平 山室光史	体操・体操競技男子団体
銀	内村航平	体操・体操競技男子種目別ゆか
金	米満達弘	レスリング男子フリースタイル66kg級

メダル	選手	競技
銅	湯元進一	レスリング男子フリースタイル 55kg 級
銅	松本隆太郎	レスリング男子グレコローマン 60kg 級
金	伊調馨	レスリング女子フリースタイル 63kg 級
金	吉田沙保里	レスリング女子フリースタイル 55kg 級
金	小原日登美	レスリング女子フリースタイル 48kg 級
金	松本薫	柔道女子 57kg 級
銅	上野順恵	柔道女子 63kg 級
銀	杉本美香	柔道女子 78kg 超級
銀	平岡拓晃	柔道男子 60kg 級
銀	中矢力	柔道男子 73kg 級
銅	西山将士	柔道男子 90kg 級
銅	海老沼匡	柔道男子 66kg 級
銀	鮫島彩 岩清水梓 熊谷紗希 近賀ゆかり 宮間あや 阪口夢穂 川澄奈穂美 大野忍 田中明日菜 福元美穂 安藤梢 高瀬愛実 矢野喬子 澤穂希 海堀あゆみ 大儀見優季 丸山桂里奈 岩渕真奈	サッカー女子
銀	三宅宏実	ウエイトリフティング女子 48kg 級
銀	石川佳純 福原愛 平野早矢香	卓球女子団体
銀	古川高晴	アーチェリー男子個人総合
銀	太田雄貴 千田健太 三宅諒 淡路卓	フェンシング男子フルーレ団体
銀	藤井瑞希 垣岩令佳	バドミントン女子ダブルス
銅	中道瞳 竹下佳江	バレーボール女子
銅	井上香織 大友愛 佐野優子 山口舞 荒木絵里香 木村沙織 新鍋理沙 江畑幸子 狩野舞子 迫田さおり	
銅	早川漣 蟹江美貴 川中香緒里	アーチェリー女子団体

第 31 回リオデジャネイロ夏季大会　2016 年

メダル	選手	競技
銀	山縣亮太 飯塚翔太 桐生祥秀 ケンブリッジ飛鳥	陸上競技男子 4 × 100m リレー
銅	荒井広宙	陸上競技男子 50km 競歩
金	萩野公介	水泳・競泳男子 400m 個人メドレー
銀	坂井聖人	水泳・競泳男子 200m バタフライ
銀	萩野公介	水泳・競泳男子 200m 個人メドレー
銅	瀬戸大也	水泳・競泳男子 400m 個人メドレー
銅	萩野公介 江原騎士 小堀勇氣 松田丈志	水泳・競泳男子 4 × 200m リレー
金	金藤理絵	水泳・競泳女子 200m 平泳ぎ
銅	星奈津美	水泳・競泳女子 200m バタフライ
銅	乾友紀子 三井梨紗子 吉田胡桃 箱山愛香 中村麻衣 丸茂圭衣 中牧佳南 小俣夏乃 林愛子	水泳・シンクロナイズドスイミングチーム
銅	乾友紀子 三井梨紗子	水泳・シンクロナイズドスイミングデュエット
金	内村航平	体操・体操競技男子個人総合
金	内村航平 加藤凌平 山室光史 田中佑典 白井健三	体操・体操競技男子団体

銅	白井健三	体操・体操競技男子種目別跳馬
金	土性沙羅	レスリング女子フリースタイル 69kg 級
金	川井梨紗子	レスリング女子フリースタイル 63kg 級
金	伊調馨	レスリング女子フリースタイル 58kg 級
金	登坂絵莉	レスリング女子フリースタイル 48kg 級
銀	吉田沙保里	レスリング女子フリースタイル 53kg 級
銀	太田忍	レスリング男子グレコローマンスタイル 59kg 級
銀	樋口黎	レスリング男子フリースタイル 57kg 級
金	ベイカー茉秋	柔道男子 90kg 級
金	大野将平	柔道男子 73kg 級
銀	原沢久喜	柔道男子 100kg 超級
銅	羽賀龍之介	柔道男子 100kg 級
銅	永瀬貴規	柔道男子 81kg 級
銅	海老沼匡	柔道男子 66kg 級
銅	髙藤直寿	柔道男子 60kg 級
金	田知本遥	柔道女子 70kg 級
銅	山部佳苗	柔道女子 78kg 超級
銅	松本薫	柔道女子 57kg 級
銅	中村美里	柔道女子 52kg 級
銅	近藤亜美	柔道女子 48kg 級
金	髙橋礼華 松友美佐紀	バドミントン女子ダブルス
銅	奥原希望	バドミントン女子シングルス
銀	水谷隼 丹羽孝希 吉村真晴	卓球男子団体
銅	水谷隼	卓球男子シングルス
銅	福原愛 石川佳純 伊藤美誠	卓球女子団体
銅	錦織圭	テニス男子シングルス
銅	三宅宏実	ウエイトリフティング女子 48kg 級
銅	羽根田卓也	カヌースラローム男子カナディアンシングル

冬季大会		
第 7 回コルチナ・ダンペッツオ冬季大会　1956 年		
銀	猪谷千春	スキー男子回転
第 11 回札幌冬季大会　1972 年		
金	笠谷幸生	スキー・ジャンプ男子 70m 級
銀	金野昭次	スキー・ジャンプ男子 70m 級
銅	青地清二	スキー・ジャンプ男子 70m 級
第 13 回レークプラシッド冬季大会　1980 年		
銀	八木弘和	スキー・ジャンプ男子 70m 級
第 14 回サラエボ冬季大会　1984 年		
銀	北沢欣浩	スケート・スピードスケート男子 500m
第 15 回カルガリー冬季大会　1988 年		
銅	黒岩彰	スケート・スピードスケート男子 500m
第 16 回アルベールビル冬季大会　1992 年		
金	荻原健司 河野孝典 三ヶ田礼一	スキー・ノルディック複合男子団体
銀	黒岩敏幸	スケート・スピードスケート男子 500m
銅	井上純一	
銅	宮部行範	スケート・スピードスケート男子 1,000m
銅	橋本聖子	スケート・スピードスケート女子 1,500m
銀	伊藤みどり	スケート・フィギュアスケート女子シングル
銅	川崎努 石原辰義 河合季信 赤坂雄一	スケート・ショートトラック男子 5,000m リレー
第 17 回リレハンメル冬季大会　1994 年		
金	荻原健司 河野孝典 阿部雅司	スキー・ノルディック複合男子団体
銀	原田雅彦 葛西紀明 岡部孝信 西方仁也	スキー・ジャンプラージヒル男子団体
銀	河野孝典	スキー・ノルディック複合男子個人
銅	堀井学	スケート・スピードスケート男子 500m

銅	山本宏美	スケート・スピードスケート女子 5,000m

第 18 回長野冬季大会　1998 年		
金	船木和喜	スキー・ジャンプ男子ラージヒル個人
金	船木和喜 岡部孝信 斉藤浩哉 原田雅彦	スキー・ジャンプラージヒル男子団体
銀	船木和喜	スキー・ジャンプ男子ノーマルヒル個人
銅	原田雅彦	スキー・ジャンプ男子ラージヒル個人
金	里谷多英	スキー・フリースタイル女子モーグル
金	清水宏保	スケート・スピードスケート男子 500m
金	清水宏保	スケート・スピードスケート男子 1,000m
金	西谷岳文	スケート・ショートトラック男子 500m
銅	植松仁	
銅	岡崎朋美	スケート・スピードスケート女子 500m

第 19 回ソルトレークシティー冬季大会　2002 年		
銀	清水宏保	スケート・スピードスケート男子 500m
銅	里谷多英	スキー・フリースタイル女子モーグル

第 20 回トリノ冬季大会　2006 年		
金	荒川静香	スケート・フィギュアスケート女子シングル

第 21 回バンクーバー冬季大会　2010 年		
銀	長島圭一郎	スケート・スピードスケート男子 500m
銅	加藤条治	スケート・スピードスケート男子 500m
銀	小平奈緒 田畑真紀 穂積雅子	スケート・スピードスケート女子チームパシュート
銀	浅田真央	スケート・フィギュアスケート女子シングル
銅	髙橋大輔	スケート・フィギュアスケート男子シングル

第 22 回ソチ冬季大会　2014 年		
金	羽生結弦	スケート・フィギュアスケート男子シングル

銀	葛西紀明	スキー・ジャンプ男子ラージヒル個人
銅	葛西紀明 伊東大貴 竹内択 清水礼留飛	スキー・ジャンプ男子ラージヒル団体
銀	渡部暁斗	スキー・ノルディック複合男子ノーマルヒル個人
銅	小野塚彩那	スキー・フリースタイル女子ハーフパイプ
銀	平野歩夢	スキー・スノーボード男子ハーフパイプ
銅	平岡卓	
銀	竹内智香	スキー・スノーボード女子パパラレル大回転

第 23 回平昌冬季大会　2018 年		
金	羽生結弦	スケート・フィギュアスケート男子シングル
銀	宇野昌磨	スケート・フィギュアスケート男子シングル
金	小平奈緒	スケート・スピードスケート女子 500m
金	高木菜那	スケート・スピードスケート女子マススタート
金	高木美帆 菊池彩花 佐藤綾乃 高木菜那	スケート・スピードスケート女子チームパシュート
銀	小平奈緒	スケート・スピードスケート女子 1,000m
銀	高木美帆	スケート・スピードスケート女子 1,500m
銀	渡部暁斗	スキー・ノルディック複合男子ノーマルヒル個人
銀	平野歩夢	スキー・スノーボード男子ハーフパイプ
銅	高梨沙羅	スキー・ジャンプ女子ノーマルヒル個人
銅	原大智	スキー・フリースタイル男子モーグル
銅	高木美帆	スケート・スピードスケート女子 1,000m
銅	吉田友梨花 鈴木夕湖 吉田知那美 藤澤五月 本橋麻里	カーリング女子団体戦

さくいん

◎人名◎

■あいうえお■

青地清二·············· 82
青戸慎司·············· 40
麻生太郎·············· 85
ビキラ（アベベ）········ 35
アルダマ（ヤミレ）······ 77
イーガン（エディー）······ 41
岩崎恭子·············· 75
上村春樹·············· 34
遠藤幸雄·············· 21
大江季雄·············· 89
岡崎勝男·············· 84
荻原健司·········· 76, 85
荻原次晴·············· 76
織田幹雄············· 119
小野清子·············· 84
小野喬················ 84

■かきくけこ■

葛西紀明·············· 74
笠松茂················ 82
笠谷幸生·············· 82
柏尾誠一郎············ 118
加藤沢男·············· 82
金栗四三········ 28, 29, 118
嘉納治五郎············ 28
蒲池猛夫·············· 73
釜本邦茂·············· 85
キエル（ラース＆スリグ）···· 88
北村久寿雄············ 75
クーパー（シャーロット）···· 15
クーベルタン（ピエール・ド）
··········· 11, 14, 96, 102
熊谷一弥············· 118
グラフ（シュテフィ）······ 79
ゲストリング（マージョリー）· 75
監物永三·············· 82
金野昭次·············· 82

■さしすせそ■

坂井義則·············· 62
サマランチ（ファン・アントニオ）
···················· 102
清水聡················ 51
ジョーダン（マイケル）····· 79
ジョンソン（ベン）········ 50
ジョンソン（マジック）····· 79
スパーン（オスカー）······ 72
スピッツ（マーク）······· 42
ソープ（ジム）·········· 78

■たちつてと■

田名部匡省············ 85
谷（田村）亮子········· 85
塚原光男·············· 82
円谷幸吉·············· 37
鶴田義行············· 119
ディアゴラス··········· 23
ディドン神父··········· 99

■なにぬねの■

中山彰規·············· 82
西田修平·············· 89
ノエル＝ベーカー（フィリップ）··· 86
ノルハイム（ソンドレ）····· 59, 126

■はひふへほ■

橋本聖子··········· 40, 85
馳浩················· 85
ピエトリ（ドランド）······ 27
ビケラス（デメトリウス）
················ 18, 97, 102
ヒックス（トーマス）····· 48, 50
人見絹枝············· 118
フェルプス（マイケル）···· 42
ブランデージ（エイベリー）··· 102
ヘーシンク（アントン）···· 34
法華津寛·············· 73
ボルト（ウサイン）······ 45, 83

■まみむめも■

前畑秀子············· 119
三島弥彦········ 28, 29, 118
ミルナー（ジョシュア）···· 72
ムルダー（ミシェル＆ロナルト）
···················· 83
室伏広治·············· 46
メーア（フィル＆スティーブ）··· 76

■ゆらるわ■

湯元健一·············· 76
湯元進一·············· 76
ラチニナ（ラリサ）······· 43
ルガニス（グレッグ）····· 65
ルディンク（クリスタ）···· 41
ワイズミュラー（ジョニー）··· 87

◎用語◎

■英欧数■

1896年··············· 14
1校1国運動 ············116
42.195キロメートル ········· 26
6月23日············· 99
7度のオリンピック出場········ 40
8度のオリンピック出場········ 74
eスポーツ大会··········· 13
IOA（国際オリンピックアカデミー）
···················· 102
IOC（国際オリンピック委員会）
·············· 18, 28, 102
NIPPON··············· 53
NOA（国内オリンピックアカデミー）
····················103
NOC（国内オリンピック委員会）···103
Twitter ·············· 60

■あ■

アマチュア··········16, 78, 97
アマチュア規定··········· 78
アルペンスキー··········· 76

■い■

犬ぞり競争············· 12
インターバル・トレーニング····· 44

■う■

ウエイトリフティング競技········ 24
馬幅跳び·············· 12
映画俳優·············· 87

■え■

エケケイリア············ 66
円盤投げ·············· 47

■お■

オープンウォータースイミング 20
オリーブ··········· 22, 68
オリンピアード··········· 96,101
オリンピック憲章········· 56, 97
オリンピック賛歌········· 99
オリンピック・シンボル····· 56, 99
オリンピック停戦········· 66
オリンピック・ムーブメント····· 98
オリンピック・レガシー····· 36,116

■か■

夏季オリンピックの競技となる条件
···················· 17
夏季大会でスケート········· 38

142

■き■

消えた日本人マラソン選手……… 29
北ローデシア…………………… 54
競泳……………………………119
近代オリンピックの父………… 11

■く■

クール・ランニング…………… 87
グルジア………………………… 64
車でマラソン…………………… 48

■け■

芸術競技………………………… 11
決闘……………………………… 10

■こ■

国際オリンピックデー………… 99
国際協力機構（JICA）………… 54
国籍……………………………… 77
国民体育大会…………………… 9
国立屋内総合競技場（代々木体育館）
………………………………115
五輪……………………………… 56

■さ■

最年長金メダル記録…………… 72
最年長メダル記録……………… 72
魚釣り…………………………… 8
参加することに意義…………… 49
ザンビア共和国………………… 54

■し■

史上最速のスプリンター……… 45
自転車競技……………………… 41
死のダイブ……………………… 65
射撃競技………………………… 73
柔道……………………………… 34
ジョージア……………………… 64

■す■

水泳競技………………… 20，42
水泳のマラソン………………… 20
スキージャンプ………… 74，82
スタンディング・スタート…… 19
スピードスケート……… 41，83
スポーツ少年団………………… 37

■せ■

聖火……………………………126
聖火によるツイッター………… 60
聖火リレー……………… 58,126
政治家…………………………… 85
セーリング……………………… 41

■た■

世界最長記録…………………… 73
世界最年少記録………………… 75
戦艦ミズーリ号………………… 84

■た■

体操……………………………… 43
暖炉で点火……………………… 59

■つ■

綱のぼり………………………… 10
綱引き…………………………… 9

■て■

テニス……………………………118

■と■

冬季オリンピックの競技となる条件… 17
冬季大会の出場最多記録……… 74
東京オリンピック中止………… 31
東西ドイツの統一選手団……… 90
東洋の魔女……………………… 33
ドーピング違反………………… 50
飛板飛び込み競技……………… 75

■な■

夏冬両方に出場………………… 40
難民選手団……………………… 77

■に■

日本のオリンピックの父……… 28
入場行進………………………… 53
人間機関車……………………… 44

■ね■

熱気球…………………………… 8

■の■

ノーベル賞……………………… 86

■は■

箱根駅伝………………………… 29
はだしの王者…………………… 35
鳩………………………………… 52
鳩撃ち…………………………… 13
パナシナイコ・スタジアム…… 19
パラリンピック……… 37，98，129
パンクラチオン………………… 70
ハンマー投げ…………………… 46

■ひ■

ピクトグラム…………………… 17
日の丸飛行隊…………………… 82
表彰台独占……………… 82，83

■ふ■

フィラデルフィア号……………114
双子メダリスト………… 76，83
フラックハンドオーバーセレモニー… 57

■へ■

平和思想………………………… 66

■ほ■

砲丸投げ………………………… 47
棒高跳び………………………… 89
ボート競技……………………… 75
ボクシング…………… 41，51，80
ボッチャ………………………129
炎のランナー…………………… 87
ボブスレー……………… 40，41
ボランティア…………………110

■ま■

幻の東京大会…………………… 89
マラソン競技…………… 27，35
マラトン村……………………… 23

■み■

南スーダン……………… 54，77

■め■

メダルのデザイン……………… 81

■も■

モーターボート ……………… 9

■やゆよ■

やり投げ …………………………… 47
友情の銀・銅メダル…………… 89
ヨット競技……………………… 88
四輪……………………………… 56

■り■

陸上競技………………… 51，83
リュージュ……………………… 64

■れ■

レジェンド……………………… 74
レスリング…………32，69，76

■ろ■

ロシアからのオリンピック選（OAR）…… 50
ロボット………………………… 61

■わ■

ワシントンハイツ……………115

■編著：コンデックス情報研究所
　　平成2年6月設立。法律・福祉・技術・教育分野において、書籍の企画・執筆・編集、
大学および通信教育機関との共同教材開発を行っている研究者・実務家・編集者のグループ。
イラスト　蒔田恵実香

■参考
公益財団法人　日本オリンピック委員会
https://www.joc.or.jp/
公益財団法人　東京オリンピック・パラリンピック競技大会組織委員会
https://tokyo2020.org/jp/
国際オリンピック委員会
https://www.olympic.org/
日本オリンピック・アカデミー監修『オリンピック・パラリンピック大百科』小峰書店
石出法太・石出みどり『これならわかるオリンピックの歴史Q&A』大月書店

■写真提供（50音順）
ＩＯＣ Museum／フォート・キシモト
アフロ
Alamy
共同通信イメージズ
国立国会図書館
フォート・キシモト
山下暢之

定価はカバーに表示

話したくなるオリンピックの歴史

2018年7月20日　初版発行

編　著　コンデックス情報研究所
発行者　野村久一郎

発行所　株式会社　清水書院
　　　　東京都千代田区飯田橋 3-11-6　〒 102-0072
　　　　電話　　　東京（03）5213-7151
　　　　振替口座　00130-3-5283
印刷所　広研印刷（株）

●落丁・乱丁本はお取り換えいたします。
　本書の無断複写は著作権法上での例外を除き禁じられています。複写される場合は，そのつど事前に，（社）出版社著
　作権管理機構（電話 03-3513-6969，FAX 03-3513-6979，e-mail：info@jcopy.or.jp）の許諾を得てください。
　Printed in Japan　　ISBN978-4-389-50078-8